改訂版

はじめて学ぶ
生徒指導・
教育相談

本間友巳・内田利広

編著

金子書房

はじめに

　2016（平成28）年4月，本書（初版）は刊行されました。その主要な目的は，教職を目指して勉学に励んでいる人たちに，生徒指導，キャリア教育・進路指導，教育相談（以下，「生徒指導・教育相談」）についての基礎的・基本的な理論や方法及びその実際を，体系的にわかりやすく提供することにありました。

　「生徒指導・教育相談」のみならず，どのような分野であっても，基礎的・基本的な理論や方法及びその実際を学ぶためのツールとして役立つテキストが必要となることは言うまでもありません。編者二人は，長年にわたって「生徒指導・教育相談」に関連する授業を担当してきました。しかしながら，これまでわかりやすく，かつ授業で使いやすいように工夫されたテキストに出会うことはあまりありませんでした。そこで，「生徒指導・教育相談」に関して，その内容を体系的にわかりやすく示すとともに，授業で使いやすい工夫を凝らしたテキストを提供したいとの考えをもとに本書は刊行され，これまで多くの方に使用していただきました。

　しかしながら，本書を世に出してから約7年の月日が経ち，子どもや学校，またこれらを取り巻く社会の急速な変化に本書の内容が対応しきれなくなってきたとの実感をもつようになりました。たとえば，本書刊行当時に比べ，不登校児童生徒数は大きく増加しています。また，現在の不登校理解や支援に大きな影響を与えている「義務教育の段階における普通教育に相当する教育の機会の確保等に関する法律」略称「教育機会確保法」が施行されたのは2017（平成29）年であり，この法について初版本で取り上げることはできませんでした。さらには，国の「生徒指導・教育相談」の基本的な考え方や対応を示す「生徒指導提要」の改訂は2022（令和4）年であり，当然ながら，この内容を本書に反映することは不可能でした。

　このような種々の変化に対応するために，本書の内容をアップデートする必要性を強く感じ，今回，大幅な変更等を行うこととなりました。そして，1年余りの作業を終えて，この度，改訂版を刊行する運びとなりました。

　もちろん，改訂版においても基本的な枠組み，また特徴や工夫した点などは初

版当時と変わっていません。改訂版も16の章から成り立っています。各章の執筆者は、それぞれの分野の専門家です。この16の章のうち、第1章から第7章までが『第Ⅰ部』、第8章から第16章までが『第Ⅱ部』です。

『第Ⅰ部』では「生徒指導・教育相談」に関する理論や方法が詳述されています。生徒指導とは何か、教育相談とはどのようなものかなど、「生徒指導・教育相談」に関する基礎的・基本的な知識や理解を得ることが『第Ⅰ部』のねらいとなっています。

『第Ⅱ部』では「生徒指導・教育相談」と関連する個々の課題（不登校やいじめなど）が取り上げられ、課題ごとに、各章でその理解や支援のあり方などが示されています。また章によっては、小学校（児童期）段階や中高校（思春期・青年期）段階の事例をもとに、発達段階に沿った具体的な対応も示されています。

また工夫した点として、改訂版においても章の各節が見開きの2ページに収められており、とても見やすく読みやすくなっています。加えて、各節はおおよそ独立した内容となっており、どの節から学習を始めても理解できるようにもなっています。

さらには、節の最初に『重要ポイントの整理』があることも工夫した点です。ここを読めば、本文に書かれている重要な点を整理し明確にすることができます。

なお、節の最後に『用語等の解説』と『引用・参考文献』を置きました。『用語等の解説』では、本文のなかで十分な説明のできなかった用語等の解説がされています。ここを読むことで、「生徒指導・教育相談」に関連する新たな知識が得られることでしょう。

冒頭にも述べたように、本書の読者は教職を目指す大学生が中心になると考えられます。しかしながら、大学生のみならず、現職教員、さらにはスクールカウンセラー・スクールソーシャルワーカーなどを含む、広い範囲の教育関係者にも本書は十分役立つ内容となっています。「生徒指導・教育相談」について学んでみたいすべての方に、ぜひ本書を手にとっていただければ幸いです。

最後に、本書の改訂にあたり金子書房の岩城亮太郎氏には、企画から校正、出版に至るまで多大なご尽力をいただきました。深く感謝申し上げます。

2024（令和6）年2月

編者　本間友巳・内田利広

第II部
個別の課題への支援

第 I 部

生徒指導・教育相談の
理論と方法

第1章

生徒指導の基礎

1．生徒指導とは

- 生徒指導とは『児童生徒が社会の中で自分らしく生きることができる存在へと，自発的・主体的に成長や発達する過程を支える教育活動』を指す。
- 「積極的な生徒指導」が目指す「自己指導能力」を育成するためには，「自己存在感の感受」「共感的人間関係の育成」「自己決定の場の提供」「安全・安心な風土の醸成」の４つの視点が重要となる。
- 「集団指導」と「個別指導」，両者の相互作用によって効果は最大化する。また，複雑化・多様化・低年齢化する生徒指導の諸課題を解決するためには，チームとして学校が機能すること（「チーム学校」）が重要となる。

（1）生徒指導の位置づけ－定義と目的－

　「生徒指導提要（改訂版）」※1(1)によれば，『生徒指導とは児童生徒が，社会の中で自分らしく生きることができる存在へと，自発的・主体的に成長や発達する過程を支える教育活動のことである。なお，生徒指導上の課題に対応するために，必要に応じて指導や援助を行う』と定義されている。また，生徒指導の目的とは『児童生徒一人一人の個性の発見とよさや可能性の伸長と社会的資質・能力の発達を支えると同時に，自己の幸福追求と社会に受け入れられる自己実現を支えることを目的とする』とある。このような位置づけから，生徒指導とは問題行動など目前の子どもの課題への対応のみならず，彼らの自立や自己実現に寄与する，すなわち「積極的な生徒指導」を基軸とするものでなければならない。

（2）自己指導能力を育むための実践上の視点

　「積極的な生徒指導」は，子ども自らが自己実現を図っていくための「自己指導能力」の育成と深く関わっている。この「自己指導能力」とは，文字どおり，自分で自分をよりよい方向に導いていく力を指している。「自己指導能力」を育成するための実践上の視点として，「生徒指導提要（改訂版）」では，次の４点に留意することを求めている。

「自己存在感の感受」「共感的人間関係の育成」「自己決定の場の提供」「安全・安心な風土の醸成」。これら4つの視点[※2]が生徒指導のプロセスで十分に機能していることが、「自己指導能力」の育成に不可欠となる。

（3）生徒指導の方法と「チーム学校」

　生徒指導の方法を「集団指導」と「個別指導」の2つの視点から理解することができる。この2つの指導法は別々のものではなく、両者の相互作用によって最大の効果を発揮する。すなわち、集団に支えられて個が育つとともに、個の成長によって集団も発展していく関係にある。

　また、複雑化・多様化・低年齢化する生徒指導上の諸課題を解決するためには、個々の教員で課題を抱えることなく、チームとして学校が機能すること（「チームとしての学校」、略して「チーム学校」）が必要となる。中央教育審議会の答申[(2)]によれば、「チーム学校」として機能するためには、次の4つの視点が重要となる。第1に教員の専門性に加え、心理や福祉等の専門スタッフを学校の教育活動に位置づけ、連携・協働の体制を充実させる。第2に校長のリーダーシップとマネージメント機能を強化する。第3に教員の力が発揮できるように、校務分掌や校内委員会の持ち方や業務の見直しを行う。第4として、教職員間が互いに支え合い高め合っていく関係を意味する「同僚性」を形成する。これらの視点がチームとして機能するためには不可欠といえる。

用語等の解説

※1　「生徒指導提要」とは、平成22（2010）年に文部科学省によって教職員向けに公刊された生徒指導の基本書を指す。学校を取り巻く状況の大きな変化を踏まえ、令和4（2022）年に改訂版が公表された。

※2　4つの視点の概要については、本章3節（2）を参照。

引用文献

〈1〉　文部科学省　2022　生徒指導提要（改訂版）
　　　https://www.mext.go.jp/content/20230220-mxt jidou01-000024699-201 1.pdf

〈2〉　中央教育審議会　2015　チームとしての学校の在り方と今後の改善方策について（答申）
　　　https://www.mext.go.jp/b_menu/shingi/chukyo/chukyo0/toushin/__icsFiles/afieldfile/
　　　2016/02/05/1365657_00.pdf

2. 生徒指導の構造

重要ポイントの整理

- 子どもの課題への対応を「時間軸」「課題性」「対象」という観点から類別すると，生徒指導を2軸3類4層の重層構造として理解することができる。
- この構造は，それぞれ切り離された別々の対応によって構成されるのではなく，相互に関連し合った円環的な関係にある。

（1）生徒指導の構造（2軸3類4層構造）

　「生徒指導提要（改訂版）」では，児童生徒の課題への対応を「時間軸」「課題性」「対象」という観点から類別することで，生徒指導を2軸3類4層の重層構造として理解する視点を提供している（図1-1）。まず「時間軸」に着目すると，課題が生じる前から行う先手型の「常態的・先行的（プロアクティブ）生徒指導」と，課題が生じた後に行う事後対応型の「即応的・継続的（リアクティブ）生徒指導」に分けることができる（2軸）。

　次に，「課題性（高い，低い）」とその課題への対応の種類から分類すると，第1に，すべての子どもの発達を支える「発達支持的生徒指導」，第2に，すべての子どもへの未然防止教育と課題の前兆が見られる一部の子どもの課題の早期発見と対応からなる「課題予防的生徒指導」，第3に，困難な課題を抱える特定の子どもへの支援を行う「困難課題対応的生徒指導」に分けることができる（3類）。さらに，この3類をその「対象」となる子どもの範囲から見るとき，すべての子どもを対象とした「発達支持的生徒指導」（第1層），同じくすべての子ど

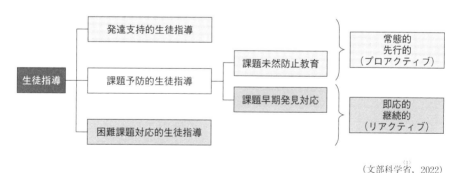

（文部科学省，2022）

図1-1　生徒指導の分類

もを対象とする「課題予防的生徒指導（課題未然防止教育）」（第2層），一部の子どもを対象とした「課題予防的生徒指導（課題早期発見対応）」（第3層），そして，特定の子どもを対象とした「困難課題対応的生徒指導」（第4層）として，生徒指導を理解することができる（4層）。

（2）2軸3類4層構造のポイント

　伝統的な生徒指導では，子どもの課題が見出されたのちに教職員が迅速かつ粘り強く対応していくこと，すなわち，事後対応型の「即応的・継続的（リアクティブ）生徒指導」が重視されてきた。もちろん，この生徒指導の重要性は現在においても変わってはいない。むしろ，課題を抱える子どもをさまざまな角度からアセスメントし，チームとしての支援計画を作成し，組織的に指導・支援していく重要性は増している。しかしながら，今日，より期待される生徒指導の重点は課題が生じる前から行う先手型の生徒指導である[※1]。すなわち，「プロアクティブ型生徒指導」を積極的に行うことで，たとえ課題が生じても，自らが主体的に解決していく力が子どもたちのなかに培われていく。そのことは，今日の生徒指導の目的である子どもの自立や自己実現を促進することにつながっていく。

　また，2軸3類4層のそれぞれの指導は切り離された別々のものではなく，相互に関連し合った円環的な関係にある（図1-1）。たとえば，困難な課題を抱える特定の子どもへの「リアクティブ型生徒指導」の経験が活かされることによって，すべての子どもへの発達支持的な対応は，より広がりと深みをもった指導へと高められていく。それぞれの指導を関連させながら，より質の高い適切な対応を進めていくことが今日の生徒指導には強く求められるのである。

用語等の解説

※1　「課題予防的生徒指導」には，いじめ防止教育，自殺予防教育，心の健康教育，情報モラル教育などが含まれる。スクールカウンセラー（SC）やスクールソーシャルワーカー（SSW）などの専門家と連携して取り組みを進めることでより効果的な対応が生まれる。さらに「発達支持的生徒指導」では，各教科，道徳，総合的な学習（探求）の時間，特別活動等と結びついた日常の活動の中で取り組みを進めることが肝要である。いずれにせよ，SC等の専門家の協力を得ながら，チームとして対応することが重要なポイントである。

引用文献

〈1〉　文部科学省　2022　生徒指導提要（改訂版）
　　　https://www.mext.go.jp/content/20230220-mxt_jidou01-000024699-201-1.pdf

3. 生徒指導と教育課程

重要ポイントの整理

- 教育課程の展開に生徒指導は深く関わっている。子どもの発達を支える生徒指導の取り組みは，学習指導を進めるうえでも重要な役割を担う。
- 生徒指導の視点に基づく「個に応じた指導」は学習指導の効果を最大化する。
- 「道徳」「総合的な学習（探求）の時間」「特別活動」等と生徒指導も深く関連しており，相互補完的な関係にあるといえる。

（1）教育課程における生徒指導の位置づけ

　教育課程とは，教育の目標を達成するために，教育に関連する法規等に従って学校で編成される教育計画を指している。教育課程は学校の教育活動の中心であり，子どもたちの人間形成や成長発達に直接関わるものである。

　この教育課程の展開を効果的なものとするには，学習指導と生徒指導を相互に関連づけて教育活動を進めていくことが重要となる。学習指導要領の総則においても，子どもの成長や発達を支える視点の重要性が指摘されており，具体的には「学級・ホームルーム経営の充実」「生徒指導の充実」「キャリア教育の充実」「個に応じた指導の充実」の4点が示されている。生徒指導と関連するこれらの取り組みの充実は学習指導を下支えし，子どもの学習の遂行と成果の最大化に寄与する力となる。

（2）教科の指導と生徒指導

　たとえば，学習面で理解の早い子どもと学習の理解に時間のかかる子どもでは，学習の受け止め方は大きく異なる可能性がある。学習の理解が非常に早い子どもの場合，学習内容が平易すぎて授業を軽視するような態度や行動がみられるかもしれない。逆に後者のような子どもの場合，授業内容が理解できないことで授業への意欲や関心が失われ，諦めや無力感が強まることがある。

　すべての子どもが学習内容を確実に身につけるためには，一人一人の子ども理解を基盤とした「個に応じた指導」を行うことが重要である。この「個に応じた指導」とは，まずは個々の子ども理解に関する情報を収集し，得られた情報をチームによって分析し共通理解へとつなげていく。この共通理解を基にすることで，「自己存在感の感受（自分が大切にされているという感覚）」，「共感的な人間関

係（互いが認め合い支え合える関係）」，「自己決定の場（学級が自ら考え選択し決定が許される場）」，「安全・安心な風土（安心安全を実感できる学級）」が促進される。これら4つの視点が機能することで，教室でのより充実した授業は可能となっていくのである。

（3）「道徳」や領域との関連

　特別の教科である「道徳」で培われた道徳性や道徳的実践力は，生徒指導の目的を達成するための大きな力となる。また逆に生徒指導で望ましい生活態度を身につけることは，道徳性や道徳的実践力という「道徳」のねらいを下支えする。すなわち，「道徳」と生徒指導は相互補完的な関係にあるといえる。

　また，教育課程の領域に位置づけられる「総合的な学習（探求）の時間」や「特別活動」と生徒指導の関係も同様である。特別活動の領域に関して，小学校の場合は，学級活動・児童会・クラブ活動・学校行事，中学校の場合は，学級活動・生徒会活動・学校行事，高等学校の場合は，ホームルーム活動・生徒会活動・学校行事によって構成されている。体験的活動を重視した学習である「総合的な学習（探求）の時間」や，望ましい集団活動を通して自己を生かす能力を養う「特別活動」の目標を実現するには，日々の実践である生徒指導の充実が不可欠となる。また生徒指導のねらいである自己指導能力や自立の促進は，体験的な活動や集団活動によっても育成されていく。

用語等の解説

※1　学習指導要領とは，全国のすべての学校で一定の教育水準が保てるように，文部科学省が定めた教育課程の基準を指す。おおよそ10年に一度，改訂される。教科書や時間割は，この学習指導要領を基に作成される。

引用文献

〈1〉　文部科学省　2017　小学校学習指導要領解説　総則編
　　　文部科学省　2017　中学校学習指導要領解説　総則編
　　　文部科学省　2018　高等学校学習指導要領解説　総則編
　　https://www.mext.go.jp/content/220221-mxt_kyoiku02-100002180_001.pdf

4．生徒指導に関する法制度等Ⅰ

- 「こども基本法」は，日本における子どもの理解と施策の基本となる法律である。法の目的は概要に次のように示されている。『日本国憲法および児童の権利に関する条約の精神にのっとり，全てのこどもが，将来にわたって幸福な生活を送ることができる社会の実現を目指し，こども施策を総合的に推進する』と書かれている。
- 生徒指導に関連する多くの法規等が存在している。これからの生徒指導では，これまで以上にそれらの法規等を理解し遵守した対応が求められる。

（1）こども基本法[※1]

令和4（2022）年に成立した「こども基本法」は，日本における子どもの理解と施策の基本となる法律である。法の目的は第1条に『日本国憲法及び児童の権利に関する条約の精神にのっとり，次代の社会を担う全てのこどもが，生涯にわたる人格形成の基礎を築き，自立した個人としてひとしく健やかに成長することができ，心身の状況，置かれている環境等にかかわらず，その権利の擁護が図られ，将来にわたって幸福な生活を送ることができる社会の実現を目指して，（中略）こども施策を総合的に推進することを目的とする』と書かれている。

また，その基本理念のなかで，直接子どもに関わる内容を次のように要約することができる。①子どもが個人として尊重され，基本的人権が保障され，差別的な扱いを受けないようにすること，②子どもが適切に養育され愛され保護されるとともに，教育を受ける機会が等しく与えられること，③子どもが意見を表明し，社会活動に参画する機会が確保されること，④子どもの意見が尊重され，最善の利益が優先して考慮されること。なお，この基本理念は「憲法」と「児童の権利に関する条約」[※2]の精神に則っている。

これからの日本において，子どもへの理解とその対応・施策は「こども基本法」に基づいて進められていくことになる。よって当然ではあるが，生徒指導も「こども基本法」の考え方や理念に沿ったものでなければならない。

（2）生徒指導と関連する法律

「こども基本法」に加え，生徒指導に関連する多くの法律が存在している。教

育の基本法となる「教育基本法」，学校教育制度の根幹を定める「学校教育法」，少年非行と関連する「少年法」，子どもの福祉の基本法である「児童福祉法」，児童虐待と関連した「児童虐待の防止等に関する法律」は，その代表的なものである。現代の生徒指導では，これまで以上に法を遵守した対応が求められている。

（3）最近の法規等

　近年，生徒指導と関連する多くの法規等が制定されるようになってきた。その代表的なものとして，学校で起きるいじめを定義しその防止や対応・施策を規定した「いじめ防止対策推進法」，不登校の理解とその対応・施策を示した「教育機会確保法」をあげることができる。これら以外にも「自殺対策基本法」「障害を理由とする差別の解消の推進に関する法律」「青少年が安全に安心してインターネットを利用できる環境の整備等に関する法律」「性的指向及びジェンダーアイデンティティの多様性に関する国民の理解の増進に関する法律」など，生徒指導と関連する法律が施行されてきた。また，文部科学省から今日的な教育課題への具体的な対応を示した基本書や通知等も公表・発出されている。先述した「生徒指導提要」のみならず，「子供の自殺が起きたときの背景調査の指針（改訂版）」「性同一性障害に係る児童生徒に対するきめ細かな対応の実施等について」は，生徒指導を進めるうえでも正確に理解しておく必要がある。

　いずれにせよ，近年生徒指導と関連する教育課題や社会課題を対象とした法の整備が進んでおり，これからの生徒指導ではその指導の前提や根拠となる法規等の理解なしに指導を行うことはできないといっても過言ではない。[3]

用語等の解説

※1　この法でいう「こども」とは，広く「心身の発達の過程にある者」とされ，特定の年齢や年代の子どもを指しているのではない。また，この法律に基づいて，これまで各省庁で行われてきた子どもに関する政策を一本化するための行政機関として，令和5（2023）年に「こども家庭庁」が設置された。

※2　この条約は平成元（1989）年に国連総会において採択され，日本は平成6（1994）年に批准した。

※3　多くの法律等は社会の変化に即して改正や改訂が行われており，つねに最新の内容にあたる必要がある。

5. 生徒指導に関する法制度等Ⅱ −校則，懲戒，体罰−

- 根拠となる法規はないが，子どもが健全な学校生活を営むための行動指針として校則が定められている。その運用にあたっては，子ども自らが校則に関する意見を表明し，校則の見直し等に子どもが関与できる仕組みが必要となる。
- 懲戒とは，教育上必要があると認められるときに子どもを叱責したり処罰したりすることである。しかしながら，体罰は禁止されている。
- 懲戒と体罰の区別について，個々の事案ごとに判断することを基本としながらも，身体への侵害や苦痛を与える行為は，正当防衛や正当行為を除いて体罰とみなされる。

(1) 校則

　子どもが健全な学校生活を営み，よりよく成長していくための行動の指針として，各学校で子どもたちが遵守すべきルールやきまりを明記した校則が定められている。校則の根拠を定める法規等は特にないが，この校則を制定する権限は学校運営の責任者の校長にあるとされている。校則の内容に関して「通学」「学校内外の生活」「服装，髪型」「所持品」「欠席や早退等の手続き」など，各学校に幅広い裁量が認められている。だが同時に，あまりに細かい内容は校則に相応しくない。学校の教育目標，子どもの心身の発達，社会通念などに照らして，必要かつ合理的な範囲内で校則は制定されねばならない。

　校則の運用では，教員は校則を守らせることのみの指導ではなく，校則を自らの行動指針として子どもが自主的に守ることができるように指導することが肝要となる。そのためには，子ども自らが校則に関する意見を表明し，校則の見直し等に子どもが主体的・能動的に関与できる仕組みが必要となる。また，校則を誰でも確認できるように学校のホームページなどで公開し，制定の根拠や見直しの手続き等を示すことも適切な対応といえよう。

　いずれにせよ，今日の学校は子どもの状況や学校を取り巻く社会等の変化を踏まえ，かつ当事者である子どもや保護者等の学校関係者の意見に耳を傾けながら，校則の見直しを積極的に行っていかねばならないのである。

（2）懲戒と体罰

　懲戒とは，教育上必要があると認められるときに子どもを叱責したり処罰したりすることを指している。根拠となる法律である学校教育法11条には『校長及び教員は，教育上必要があると認めるときは，文部科学大臣の定めるところにより，児童，生徒，及び学生に懲戒を加えることができる』と定められている。

　この懲戒を「法的効果を伴う懲戒」と「事実行為としての懲戒」に区別することができる。子どもの教育を受ける地位や権利に変動をもたらすような前者の例として，退学と停学があげられる。^{※1}後者の具体例は注意，叱責，居残り，別室指導，特別な宿題や清掃，文書指導など多岐にわたる。懲戒が認められている一方で，体罰は明確に禁止されている。この根拠は，前述した学校教育法11条のただし書き（『ただし，体罰を加えることはできない』）にある。

（3）懲戒と体罰の区別

　文部科学省の通知⁽¹⁾によれば，懲戒と体罰の区別について，『当該児童生徒の年齢，健康，心身の発達状況，当該行為が行われた場所的及び時間的環境，懲戒の態様等の諸条件を総合的に考え，個々の事案ごとに判断する必要がある』とその基本的な考え方が述べられている。

　そのうえで懲戒の内容が，身体に対する侵害（殴る，蹴る等），肉体的苦痛を与えるようなもの（正座・直立等特定の姿勢を長時間にわたって保持させる等）と判断された場合は体罰に該当する。今日，体罰を含む不適切な指導は許されないのである。その一方で，子どもから教員や他の子どもに向けられた暴力行為に対して，教員が防衛や制止のためにやむを得ずした有形力の行使，すなわち，正当防衛や正当行為は体罰に該当しないとされている。

用語等の解説

※1　学校教育法施行規則第26条第3項の規定により，公立の義務教育段階の学校（併設型中学校を除く）で退学は行うことができない。また同条4項により，国立・公立・私立を問わず義務教育段階で停学は行うことができない。

引用文献

〈1〉　文部科学省　2013　体罰の禁止及び児童生徒理解に基づく指導の徹底について（通知）
　　http://www.mext.go.jp/a_menu/shotou/seitoshidou/1331907.htm

第2章

教育相談の基礎

1. 教育相談とは

重要ポイントの整理

- 1960年代，学校においてカウンセリングがブームとなったが，その時はカウンセリングの本質が十分理解されず，学校教育に定着することはなかった。
- 教育相談は，生徒指導の一環として，学校で行われる教育活動の一部であり，生徒指導と教育相談を一体化させて取り組みを進める必要がある。
- 教員は，カウンセラーにはなれないが，教員が行う面接には，カウンセリングと共通する側面があるとともに，異なる教育相談の特徴がある。

（1）教育とカウンセリング

　学校教育において，カウンセリングが導入されたのは，ロジャーズ（Rogers, C. R.）のクライエント中心療法が日本で紹介された1960年代である。その頃，学校教育の場でも，カウンセリングの導入が試みられたが，当時ロジャーズの受容と共感の意味が十分に理解されることなく，ブームとして終わったのである。それは，カウンセラーが無条件に来談者の思いを受容するのと，教員が子どもの思いを無条件に受容するのとでは，その置かれている立場がまったく異なっていたが，混同して理解されたからである。つまり，子どもの言うことをすべて受容し，共感的に聴いていこうとすることで，もう一つの教員の役割である，教室の規律を守り，集団を統制することが難しくなり，教員自身が矛盾に陥るという事態になったのである。

（2）教育相談の意義と基本姿勢

　2022年に生徒指導提要の改訂が行われ，教育相談の目的は「児童生徒が将来において社会的な自己実現ができるような資質・能力・態度を形成するように働きかけること」と定義され，生徒指導と教育相談はこの目的においては共通するところであり，一体化させて取り組む必要がある。つまり，毅然とした指導を重視すべきとする生徒指導的な姿勢と，受容的な援助を重視すべきという教育相談的な姿勢において，時に意見の食い違いが見られることがあるが，その根底の目

的である児童生徒の自己実現という点では共通するものである。

　教育相談に必要な教員の姿勢として以下の3点が考えられる。

① 　指導や援助は，教員の価値観や信念から考えるのではなく，児童生徒理解（アセスメント）に基づいて考えること。つまり，単に教員の熱意や善意による判断ではなく，多様な情報の収集・分析による客観的，専門的な理解が必要なこと。

② 　児童生徒の状態が変われば指導・援助の方法は変わることから，あらゆる場面に通用する指導や援助の方法が存在しないことを理解し，柔軟な働きかけを目指すこと。

③ 　どの段階でどのような指導・援助が必要かという時間的視点を持つこと。

（3）教育相談の特質

　教育相談は，面接室でカウンセラーが行うカウンセリングと，共通する側面もあり参考になるが，また逆に教員の行う教育相談だからこそできる特徴もある。

- **早期発見・早期対応が可能**：カウンセリングは，基本的に，何か問題や悩みが生じて相談に来ることで開始されるが，教員は日頃から子どもの様子を見ているので，子どもたちの変化（不調や不安）に早期に気づくことができる。
- **援助資源が豊富**：カウンセリングでは，カウンセラーによる支援が中心であるが，教育相談では，担任を中心とし，専科の教員や授業担当教員，部活動の顧問や養護教諭など多くの目で子どもの様子を観察し，多面的に関わることができる。さらに，高い知識と技能を持ったスクールカウンセラー（SC），スクールソーシャルワーカー（SSW）と日常的に連携を取ることが可能である。
- **家庭とのつながり**：すべての子どもが学校に来ているので，その保護者と担任は必ず会って，さらに家庭にも行って，家族の様子を見ている。このことは，すべての子どもの自己実現という視点からも，また虐待や不登校・ひきこもりの課題対応に際して，担任が必ず保護者と関係を持っているというのは，重要なことである。つまり，子どもを育み，守っていく家庭と緊密に連携を取れることは，子どもが虐待や貧困によって社会から切り離され，孤立してしまわないようにする意味でも，家庭・保護者とつながれるというのは，教員の大きな特徴である。

2. 教育相談の方法

- 教育相談を組織的に行う体制として，学校内のチームを中心としたものと，学校外の専門機関との連携によるチームの2種類が考えられる。
- 教育相談は，すべての児童生徒を対象として，全校的な観点から，発達支持的教育相談，課題予防的教育相談，困難課題対応的教育相談が考えられる。

（1）チームとしての教育相談体制

　教育相談をチームとして行うための体制づくりとして，学校内と学校外のチームが考えられる。

①校内チーム

　チームとして活動する際に，学校内のメンバーで構成される校内チームが基本となる。校内チームは，目的によって，2つに分けられる。

　1つめは，機動的に支援を実施するために，担任とコーディネーター役の教員を中心とした比較的少人数の支援チームである。2つめは，児童生徒理解や支援方針についての共通理解を図るために，教育相談コーディネーター，養護教諭，SC，SSW，さらに学年主任や生徒指導主事などを加えた多様なメンバーで構成される支援チームである。

②学校外の専門機関と連携したチーム

　緊急性の高い事態や外部の専門家との連携が必要となる場合は，管理職を含めたケース会議を開き，外部機関との連携の可能性を探る。守秘義務に配慮しつつも，支援にあたっては情報の共有は欠かせないので，学校と専門機関相互に理解し，尊重することで連携がスムーズに進むことになる。

　いずれの場合も，教育相談コーディネーターを中心として，定期的に会議を開催し，SC等の専門家を交えて，情報の共有とともに，子どもの理解（見立て），支援の方針を明確にするなど，組織的に取り組む体制づくりが必要である。

（2）教育相談の進め方：全校的展開

　教育相談は，子どもに問題行動等が発生したときの一部の子どもだけでなく，すべての子どもを対象にした生徒指導の一環として，全校的な視点から，発達支持的教育相談，課題予防的教育相談，困難課題対応的教育相談が考えられる。

①発達支持的教育相談

　すべての子どもを対象とし，さまざまな資質や能力の積極的な獲得を支援し，成長・発達の基盤を作るものである。たとえば，特別活動における「望ましい人間関係の形成」や教科学習における対人関係スキルや協働的な問題解決能力を身につけることなどであり，通常の授業や学校活動を通しての支援である。

②課題予防的教育相談

　課題予防的教育相談は，2つに分けられる。第一は，すべての児童生徒を対象として，ある問題や課題の未然防止を目的に行われる課題未然防止教育である。たとえば，すべての児童生徒を対象としたいじめ防止や暴力防止のための心理プログラムの取り組みなどである。

　第二は，発達課題の積み残しや何らかの脆弱性を抱えた児童生徒，あるいは環境的に厳しい状況にある児童生徒を早期に見つけ出し，即応的に支援を行う課題早期発見対応である。早期発見の方法としては，「丁寧な関わりと観察」や「定期的な面接」，「作品の活用」，「質問紙調査」などがある。早期対応の方法としては，リスクの高い児童生徒を見出し，必要な支援体制を整備する「スクリーニング会議」，その会議で検討される気になる児童生徒の「リスト化と定期的な情報更新」，援助ニーズの高い児童生徒については，アセスメントに基づくプランニングなど「個別の支援計画」を作成する。

　さらに，欠席日数などリスク要因の観点から対象者をピックアップした「グループ面接」，医療や福祉的ニーズがあり，虐待や不適切な養育下にある児童生徒に対しては，「関係機関を含めた学校内外のネットワークによる支援」を行っていく。

③困難課題対応的教育相談

　困難な状況において苦戦している特定の児童生徒，発達や適応上の課題のある児童生徒を対象とし，ケース会議を開き，生物的・心理的・社会的な側面からのアセスメントを行い，長期にわたる手厚い支援を組織的に行うことによって，課題の解決を目指すものである。その際に，学級担任への負荷がかかり，身体的，精神的にも疲弊する可能性があるので，学級担任を支える視点も不可欠である。

3．児童生徒理解

重要ポイントの整理

- 教育相談と児童生徒理解は，相互補完的で表裏の関係にあり，生物学的要因，心理学的要因，社会的要因の3つの観点から理解を深める必要がある。
- 児童生徒理解は，心理環境的要因と発達障害的要因の側面から考え，日常の子どもの言動や態度，発言や表現物などを通して行われる。
- 子どもの不適応の理解の視点として，自己の体験と概念との不一致という考え方がある。

（1）教育相談と児童生徒理解

　子どもの理解には，生物学的・心理的・社会的要因からの理解が重要である。たとえば，子どもが腹痛を訴えて，学校に来られない場合，まずは身体的な病気（胃腸炎など）を考え，その後に心理的な問題（過度のストレスや不安・緊張など）を考え，さらにその背景としてのクラスでの人間関係，家庭における人間関係など社会的要因を考慮し，さまざまな情報を集めて，総合的に子どもの心の状態を理解していく。

　このように子どもの状態や気持ちを理解するには，まずは子どもとじっくりと話をする必要があり，教育相談は，児童生徒理解と表裏の関係にある。つまり，相談を進めながら理解し，理解したことを基にして，さらに相談を進めていくという相互補完的な関係にある。児童生徒理解は。教育相談において最優先の事項であるが，教育相談に限らず，「生徒指導は児童生徒理解に始まり，児童生徒理解に終わる」と言われるように，学校教育すべての教育活動において，重要なベースとなる活動である。

（2）児童生徒理解における発達的視点

　最近の子どもたちの理解には，心理社会的要因と生物・発達障害的要因が考えられ，現実にはその両方がまじりあったケースも多い。学校での友人関係のトラブルやいじめにより傷つき，また家庭における温かい親子関係の欠如（愛着障害[※1]）などにより，心理的な不安定さを抱え，問題行動として表現されることがある。他方で，発達的な特性を抱え，コミュニケーションの課題や衝動的な行動を示す子どももいるので，今起こっていることの意味を探り，今後起こりうる展開

を予想し，異なった理解による矛盾した対応を避けて，多様な観点からの共通理解に基づく包括的対応を行うことが必要である。そのため，教員には，生物・心理・社会的な側面から子どもを理解するBPSモデル[※2]による見立てを行うアセスメント力を備えることが求められる。

(3) 自己一致という視点

　子どもたちの心の世界を理解する1つの視点として，「自己一致」という見方がある。これは，相談に来る多くの人は，自分の体験と概念とが不一致の状態にあるという考えである。不一致とは[(1)]，脅威を与える経験は，気づきの中で歪曲され，あるいは意識するのを拒否され，自己の体験として，概念化されない状態のことである（図2-1）。

　児童生徒理解では，子どもの心がどのような不一致の状態にあるかを把握し，子どもが実際に体験していることを，意識から排除してしまうのではなく，そこにも目を向け，気づくことで，自己の体験を十分に生きることができるようになることが，自己一致であり，面接の目標でもある。

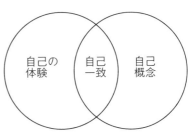

図2-1　自己の一致・不一致

用語等の解説

※1　愛着障害：子どもは乳幼児期の養育者（母親）との間に心の絆として愛着関係を形成するが，養育者が子どもの行動や感情に適切に応答できないことによって，心が不安定になり，さまざまな障害を生じると考えられている。

※2　BPSモデル（Bio-Psycho-Social Model）：児童生徒の課題を，生物学的要因（発達・病気），心理学的要因（認知・感情・ストレス），社会的要因（周囲の人間関係）から総合的に理解しようとする考え方である。

引用文献
〈1〉　文部科学省　2022　生徒指導提要（改訂版）p.94
　　https://www.mext.go.jp/content/20230220-mxt_jidou01-000024699-201-1.pdf
〈2〉　ロジャーズ　1957/2001　十分に機能する人間―よき生き方についての私見　ロジャーズ選集（下）　伊東博・村山正治監訳　誠信書房

4．学校カウンセリング

重要ポイントの整理

- 教育相談を行うにあたり，教員は，カウンセリング的な見方であるカウンセリング・マインドが求められる。
- 教育相談の方法として，「傾聴」「受容」「繰り返し」「感情の伝え返し」「明確化」「質問」などがある。
- 教育相談のプロセスとしては，問題行動の見立て，子どもへの関わりがあり，さらに関係する教員・SCを含めたケース会議を実施し，見立てや関わりを検討する。

（1）カウンセリング・マインド

　これは，教育現場においてよく使われる言葉で，教員が教育相談にあたる際に必要とされるカウンセリング的な考え方や態度・姿勢のことである。カウンセリング的な考え方の1つとして，ロジャーズの3条件といわれる「共感的理解」「無条件の肯定的配慮」「自己一致」が挙げられる。

　このカウンセリング・マインドというのは，曖昧な言葉であり，マインドというのは，「精神，意識」あるいは「心的態度」という意味であり，カウンセリングそのものではない。教員がカウンセリングを実践しようとして，1960年代に混乱に陥ったことは，すでに述べたとおりである。しかし，今日の学校教育では，このカウンセリング的な考え方や態度が，必要不可欠になっており，その態度や面接技法については，教員も取り入れていこうという方向がある。

　つまり，教育相談の基礎となる心理学の理論やカウンセリングの考え方，技法は，児童生徒理解において有効な方法を提供するものである。教育相談を行う教員も，このような理論や技法を少しでも身につける必要があり，SC等を活用した教職員の研修を行うことも大切である。

（2）教育相談で用いる面接技法

　面接の方法としては，基本的にカウンセリングとつながるものであり，まずはラポール（信頼関係）の形成が重要になる。学校場面の相談であっても，まずは面接の基本は，相手の話を，相手の身になって聴くこと（傾聴）であり，すぐにこちらの意見を言うのではなく，子どもがそうならざるを得ない気持ちを推し量

りながら受け止めていく（受容する）ことが大切である。ただし，教員は，指導し規律を守らせるのが主要な職務でもあるので指導的になりやすいが，教育相談の際には，できるだけそうならないように，子どものペースに合わせて，少しゆったりとした姿勢で接することを心がける必要がある。

　聴き方としては，子どもの言った言葉を「繰り返す」ことで，理解されているという実感が得やすくなり，特になかなか言葉になりにくいような体験に触れて，少しでも感情の表現が出てきたら，丁寧に「感情の伝え返し」を行う。場合によっては，心の整理をするためや表現が曖昧なところは，「明確化」を行ったり，「質問」を投げかけたりする。カウンセリングの基本姿勢は，自己理解を促すことであり，自らが自分の課題に向き合って，何らかの解決方法を見出し，やってみようと思ってもらうことが基本であり，外から何かを与えて，植え付けていこうとするものではない。

（3）教育相談のプロセス

　教育相談を実施する際には，その全体のプロセスをイメージしておくとよい。

　まず，面接を実施する前に，これまでに集められている情報から，生物・心理・社会モデルによる子どもの見立て（アセスメント）を行う。次に，実際に子どもに関わるときは，日頃の様子を見て，短時間でチャンス相談を行うか，呼び出して話をするか，など面接の構造（導入の方法，時間や場所）を設定していく。さらに，関係する教員（学年の先生，養護教諭，クラブ顧問，管理職など）との情報共有も必要であり，ケース会議[※1]をもつことで，子どもの課題を，できるだけ多くの教員で共有し，みんなで取り組んでいくようにする。その際に，家庭との連携も重要になる（第4章参照）。

用語等の解説

※1　「ケース会議」とは，対象となる子どもの情報を，関係する教員で共有し，さらにその情報から子どもの現状や課題の理解（見立て），今後の支援の方向性を確認するために，適宜行われるミーティングである。関係する教員に加え，スクールカウンセラー等の専門家も加え，理解を深め，単に報告に終わらずに次の支援につながることが大切である。

5. 新しい教育相談と課題

重要ポイントの整理

- 教育相談は，個と集団のバランスを取りながら，教育相談と生徒指導が相互補完的な活動として，一人の人間を相手とした全校的な活動である。
- 課題予防的教育相談として，子どもたちの対人関係能力や問題解決能力を高める方法が，授業等を通して全児童生徒を対象として行われている。
- 生徒指導，教育相談，キャリア教育，特別支援教育といった縦割りの意識ではなく，一人一人の子どもの抱えている課題に即して，包括的な支援体制を構築する必要がある。

（1）これからの教育相談

　教育相談は，生徒指導の一環として位置づけられる教育活動の一部である。これは，教員が子どもの相談にのるというだけではなく，教育的な視点を常に持つ必要があり，個別の相談は，常に教育活動における個と集団の葛藤に悩む中で，そのバランスを取りながら，進めることになる。

　また教育相談は，話を聞くばかりで子どもを甘やかしているのではないか，という意見があり，他方生徒指導は，きまりを押し付けるばかりで，子どもの心を無視しているのではないか，というような対立意見が示されることもある。これからの教育相談は，このような一面的，一方的な見方を乗り越えて，多面的で相互補完的な活動として，すべての児童生徒を対象として，発達支持，課題未然防止，困難課題対応の機能を持った全校的な教育活動として位置付けられるものである。

　さらに，教育相談の実施においては，管理職が，教育相談を学校運営の中に位置づけるとともに，教員が子どもの心をしっかりと受け止め，適切な支援が行えるような環境の整備（相談室の確保，教員の資質向上，時間的なゆとりの配慮）を行うことも，大切になる。

（2）課題予防的教育相談の手法

　教育相談は，問題を抱えた子どもとの個別相談といった事後的な対応（レトロスペクティブな視点）だけでなく，開発的・予防的な視点（プロスペクティブな視点）として，日常の教育活動を通して，さまざまな葛藤や不安を自らの力で解

表2-1　開発的教育相談の手法例

グループ エンカウンター	グループ体験を通して，他者に出会い，自分に出会う活動である。グループでの活動で，人間関係づくり，相互理解，問題解決への協力関係等の育成を目指し，集団の持つプラスの力を引き出す方法である。
ソーシャルスキル トレーニング	相手を理解する，自分の意志を伝える，人間関係を円滑するための社会的技能（ソーシャルスキル）をトレーニングにより身につける方法である。
ストレス マネジメント教育	ストレスのメカニズムやその対処方法（コーピング）を知識として理解すると共に，リラクゼーションなどの実習を行うこと。
ピア・サポート	児童生徒「同士」（ピア）が，社会的スキルを育て，お互いに支え合えるような関係を作るための方法である。
ライフスキル トレーニング	喫煙や薬物，性等の課題について，自分の体や心，命を守り，健康に生きるための社会的なスキルを獲得するための方法である。

決していける力を身につけていく必要がある。特に，問題や課題の未然防止を目的として行わる心理教育的なプログラムが重要になってくる。

　表2-1は，担任のクラス運営の一環として，また子どもたちの人間関係を円滑にするため，授業中あるいは授業以外の時間（帰りの会など）に行われたりしている教育相談の手法である。

（3）学校教育と教育相談

　教育相談は，キャリア教育，特別支援教育，生徒指導と同様に児童生徒に対する指導・援助を行う分野として学校内の校務分掌に位置付けられ，それぞれの教育活動を展開している。そのために一人の児童生徒に対する指導・援助がお互いに独立した働きかけとして展開されることがある。

　いじめや暴力行為は生徒指導，不登校は教育相談，進路についてはキャリア教育，障害に関することは特別支援教育が担うというように縦割りの意識と分業的な体制が強すぎると，複合的で重層的な課題を抱えた児童生徒を適切に指導・援助することが阻害される可能性がある。学校教育においては，一人一人の生身の子どもの現状を鑑み，それぞれの分野の垣根を超えた包括的な支援体制を作ることが求められている。

第3章

チーム学校による生徒指導体制

1．チーム学校における学校組織

- 校長のリーダーシップの下，学校内の多様な専門職と地域の人たちとの連携・協働を進める。「教職員は教育の専門家，保護者は子育ての専門家」。
- 特色ある「日本型学校教育」を支えるため，学校における「働き方改革」を実現し，教職員の負担軽減を図りつつ，生徒指導の充実を図る。

(1) チーム学校とは

「チームとしての学校」について中央教育審議会答申[(1)]が出された背景として3点の体制整備が挙げられている。

① 新しい時代に求められる資質・能力を育む教育課程（社会に開かれた教育課程[※1]）を実現する。

② 児童生徒の抱える複雑化・多様化した問題や喫緊の課題を解決する。

③ 子どもと向き合う時間の確保等（業務の適正化と働き方改革）を実現する。

「チームとしての学校」像は，『校長のリーダーシップの下，カリキュラム，日々の教育活動，学校の資源が一体的にマネジメントされ，教職員や学校内の多様な人材が，それぞれの専門性を生かして能力を発揮し，子供たちに必要な資質・能力を確実に身につけさせることができる学校』（答申）[(1)]である。校務分掌上で，あるいは職務内容や権限等を明確に位置付けられた教職員等が責任を持って教育活動に関わる。また，組織的かつ継続的に子どもの安全確保に取組むなど地域と連携する「地域とともにある学校づくり」や，ボランティア等の地域人材と連携する「学校を核とした地域づくり」を行う学校である。このような体制整備にあたり，日本の教員が担ってきた学習指導や生徒指導など児童生徒の「全人格的（知・徳・体）」な成長・発達を目指す「日本型学校教育」の成果と課題を踏まえ，必要な改革を進めていく。「文部科学大臣指針2022」[(2)]により教師に共通に求められる資質能力の具体的な柱が，『(ア) 教職に必要な素養，(イ) 学習指導，(ウ) 生徒指導，(エ) 特別な配慮や支援を必要とする子どもへの対応，(オ) ICTや情報・教育データの利活用』の5つに整理された。

（2）チーム学校として機能する学校組織

「生徒指導提要(3)」によれば，「チーム学校」の実現には次の4つの視点が必要となる。

① **連携・協働の体制の充実**：教師は教育に関する専門性や独自の得意分野を生かし，専門スタッフは教育活動の中で心理や福祉等の専門性を生かす。

② **校長のマネジメント体制を支える仕組みの充実**：学校の教育力向上のため，副校長，複数の教頭，事務長等を配置し，権限分担や判断の補佐を行う。

③ **教職員のメンタルヘルス対策等への取り組み**：校務分掌や校内委員会の設定方法，業務内容や進め方を見直す。「教師を取り巻く環境整備について緊急的に取り組むべき施策（提言）(4)」では，教員業務支援員，学習指導員，部活動指導員などの配置充実について述べられている。

④ **教職員間の「同僚性」の形成**：教職員同士（教員，事務職員，学校用務員，SC，SSW等）の相互支援・協力と振り返り，多職種の専門家や地域の人々との相互理解に基づき連携・協働した教育活動を行う。「コーディネーターチーム」として副校長・教頭，生徒指導主事，養護教諭等が加わることもある。

　専門性の異なる集団が機能するには，単に他者の役割を肩代わりする（cooperation）のではなく，自分の専門性に基づいた意見・行動（collaboration）でなくてはならない。共通の目標に向かって協同で取り組む際に，専門性の壁を踏み越えたり障害になったりする可能性もあるが，常に意識しておくことである。

用語等の解説

※1　「社会に開かれた教育課程」とは，学校での学びと現実世界とをつなぎ，学びの意義や意味を見つけ，児童生徒の将来の自己実現を促す教育計画である。

引用文献
〈1〉　文部科学省　2015　チームとしての学校の在り方と今後の改善方策について（答申）　中央教育審議会
〈2〉　文部科学省　2022　公立の小学校等の校長及び教員としての資質の向上に関する指標の策定に関する指針
〈3〉　文部科学省　2022　生徒指導提要（改訂版）
　　https://www.mext.go.jp/content/20230220-mxt_jidou01-000024699-201-1.pdf
〈4〉　文部科学省　2023　教師を取り巻く環境整備について緊急的に取り組むべき施策（答申）　中央教育審議会

参考文献
・オブホルツァー・ロバーツ編　2014　組織のストレスとコンサルテーション　武井麻子監訳　榊恵子訳　金剛出版
・文部科学省　2021　「令和の日本型学校教育」の構築を目指して―全ての子供たちの可能性を引き出す，個別最適な学びと，協働的な学びの実現（答申）　中央教育審議会

2. 校務分掌の中の生徒指導体制

- 生徒指導は，すべての教育活動の中で，すべての教職員が，すべての児童生徒を対象に行い，目的や役割に応じすべての校務分掌が直接的，間接的に関わる。
- 生徒指導体制とは，事例研究等の校内研修を通し生徒指導の方針・基準を共有し，一貫性のある生徒指導を行うことのできる校内体制のことである。

（1）生徒指導部と生徒指導主事の役割

　「学校教育法施行規則」では，学校運営に適した校務分掌の仕組みを整えることや，設置できる「学校職員充て職（教務主任や生徒指導主事，進路指導主事，学年主任，保健主事，事務長，事務主任など）」に関する規則が設けられている。

　ミドルリーダー（主任や主事など）は校長の監督下，役割に応じた校務を分担し，連絡・調整・指導・助言等を行う。また近年では，プロジェクト型（課題解決のためのプロジェクトチームを新設）校務分掌が新たに試みられている。

①生徒指導部の役割

　一般的に生徒指導主事（生徒指導主任・生徒指導部長等）と各学年の生徒指導担当に加え，教育相談コーディネーターや養護教諭，SC やSSW 等で構成される。部会等には管理職も参加する。役割としては，生徒指導の取組の企画・運営やすべての児童生徒への指導・援助，問題行動の早期発見・対応，関係者等への連絡・調整などがある。生徒指導部の組織や取組体制を含め，すべての児童生徒を対象に全校的な指導・援助を展開する校内の生徒指導体制を担う。

②生徒指導主事の役割と求められる姿勢

　生徒指導主事にはさまざまな役割が求められる。業務が集中しないよう，広い視野での人選と校務分掌組織の業務分担を進めていく必要がある。主な業務は，

（ア）生徒指導の組織の中心として組織的・計画的運営の責任を持ち，生徒指導の観点から教科指導全般や特別活動のカリキュラム開発を進めていく。

（イ）生徒指導の計画的・継続的推進のため，校務の連絡・調整を図る。

（ウ）生徒指導に関する専門的立場から，部会の構成員や学級・ホームルーム担任，関係する教職員に対して指導・助言を行う。

（エ）児童生徒や保護者，関係機関等に働きかけ，問題解決に当たる。以下に，

　　生徒指導主事が役割を果たすために意識すべき姿勢を挙げる。

・生徒指導の意義や課題を十分に理解しておく。

・学校教育活動全般を見通す視野や識見を持つ。

・生徒指導上必要な資料の提示や情報交換と，全教職員の意識を高め，共通理解を図り，意欲的に取組めるように促す指導性を発揮する。

・学校や地域の実態把握と現実に即した指導計画を立て，指導・援助する。

・社会状況や児童生徒の心理を把握し，具体的な指導・援助の場で生かす。

（2）学年・校務分掌を横断する生徒指導体制

　生徒指導体制づくりには，各学年や各分掌，各種委員会等の実効的な機能と，学年や校務分掌を横断するチームの編成，生徒指導の取組を推進することが重要である。前提となるミドルリーダー（司令塔）による横のつながり（校内連携体制）形成に関する基本的な考え方は次の3点である。

①生徒指導の方針・基準の明確化と具体化

　認識のズレや行動のばらつきを防ぐため，学校ごとに「生徒指導基本指針」や「生徒指導マニュアル」等を作成する。目標設定は，実態把握をもとに，児童生徒や保護者および地域の人たちとの合意形成に努める。設定した方針・基準は，学校のホームページや学校だより等を通じて周知されるようにする。

②すべての教職員による共通理解・共通実践

　学校の教育目標は，年度当初に確認されることが多い。効果的に取組むには，教職員と児童生徒，教職員と保護者，教職員同士の信頼関係が不可欠である。

③ PDCA（Plan/Do/Check/Action）サイクルに基づく運営

　取組（P・D）の児童生徒への効果を，定期的に点検（C）し，取組を更新し続ける（A）ことが重要である。児童生徒（学校に関すること，教職員や大人との関係性，同級生や先輩・後輩との人間関係，いじめの被害・加害の経験等）や保護者（学校環境や地域とのつながり等），教職員（職場環境や取組状況等）を対象に，点検の手がかりとして内容を変えたアンケートを実施する。

3．教育相談体制

- 主たる４つの教育相談活動は，すべて生徒指導の重層的支援構造（２軸３類４層）を反映していると考えれば理解しやすい。
- 学校内や学校外での連携に基づくチームの活動として教育相談を進めるには，教育相談コーディネーターの役割が重要となる。

（1）教育相談の基本的な考え方と活動の体制

　生徒指導と教育相談の共通の目的は，児童生徒が将来において社会的な自己実現ができるような資質・能力・態度を形成するよう働きかけることである。

　実際の指導・援助では，集団や社会の一員として求められる資質や能力を身につけるように働きかける生徒指導と，個人の資質や能力の伸長を援助する教育相談とでは発想が異なる傾向が見られる。しかし，教育相談は，生徒指導の一環であり重要な役割を担うので，生徒指導と教育相談を一体化させて取組む必要がある。（ア）指導や援助は児童生徒理解（アセスメント）に基づいて考えること。（イ）児童生徒の状態に合わせた柔軟な働きかけをすること。（ウ）指導・援助には，時間的経過（いつ，どのような）の視点が重要である。

①校内チーム：校内連携型支援チーム

　基本的には校長の指揮監督の下にあるメンバーで構成されるが，目的によって２種類に分類される。（a）機動的連携型支援チームは，比較的少人数（担任・教育相談コーディネーター・特別支援教育コーディネーター・養護教諭など）で，（b）共通理解を目的とする場合は，比較的多様なメンバー（上記aのメンバーに加えSC・SSW・各分掌主任等）で構成される。生徒指導部会，教育相談部会，スクリーニング会議，ケース会議，発達支持的生徒指導や課題未然防止教育の観点で開かれる会議などがこれに当たる。

②学校外の専門機関等と連携したチーム：ネットワーク型支援チーム

　管理職の判断により，地域と協力して学校外のネットワークを生かしたチーム支援を行う。専門機関等の倫理綱領や法を相互に尊重し，チーム内での守秘義務を徹底したうえで，教育相談コーディネーターが情報を一元的に管理し，外部機関と情報共有ができるような体制作りをしておくことが大切である。

（2）教育相談活動の全校的展開

①発達支持的教育相談

　児童生徒の多様な資質や能力の積極的な獲得を支援する視点は，個別面談やグループ面談等の相談活動だけでなく，通常の教育活動や教育実践の中でも生かされる。たとえば特別活動の目的（望ましい人間関係の形成，協働的な問題解決能力の育成）や教科学習での学び（対人関係スキルや協働的な問題解決力を身につける）において可能である。

②課題予防的教育相談：課題未然防止教育

　「課題予防的教育相談」は２つに分類される。

　課題未然防止教育では，すべての児童生徒を対象に，ある特定の問題や課題の未然防止を目指す。実際には，教育相談部の協働・企画によるいじめ防止や暴力防止のプログラムを担任や教科担任等を中心に実践する取組などがある。

③課題予防的教育相談：課題早期発見対応

　課題早期発見対応では，特定の児童生徒を対象に，抱えている発達課題や脆弱性，あるいは環境的な課題を早期に見つけ（早期発見），即応的に支援（早期対応）する。

　（ア）早期発見には，積極的に危機のサインに気付こうとする普段の姿勢が肝要で，担任に限らず身近に接する人たちからの情報は貴重なヒントになる。「丁寧な関わりと観察（変化の把握）」「定期相談（受容的・共感的傾聴）」「作品（日記・作文・絵など）の活用」「質問紙調査」等がある。

　（イ）早期対応には，学内外にあるチーム学校の機能（安心できる居場所・放課後等デイサービスなど）の活用が有効である。「スクリーニング会議」「リスト化と定期的な情報更新」「個別の支援計画」「グループ面談」「関係機関を含む学校内外のネットワークによる支援」等がある。

④困難課題対応的教育相談

　困難な状況下にいる特定の児童生徒，発達や適応上の課題のある児童生徒などが対象となる。長期の組織的支援と，学級・ホームルーム担任の負担軽減を図りつつ支援する観点が必要である。学校内チーム（ケース会議での専門性・アセスメント）や学校外ネットワーク（地域との連携・協働）が活用できる。

参考文献
・文部科学省　2020　スクリーニング活用ガイド―表面化しにくい児童虐待，いじめ，経済的問題の早期発見のために

4．教職員の研修と年間指導計画

重要ポイントの整理

• すべての教職員は「学び続ける教員」として，児童生徒の言動を理解する自分自身の視座（視点や認識の枠組み）に気付く姿勢を持ち続ける必要がある。

• 個人の職能を高め，学校が「学習する組織（協働して課題解決，学び合う文化・風土）」へと変化していくことを目指す組織学習の視点が重要である。

（1）生徒指導のための教職員の研修

①校内における研修

　（ア）組合せを考え，全教職員が参加し組織的・計画的に行われるもの（教育理念や教育方法，生徒指導の方針・基準等に関する共通理解，日常的な指導のための情報共有等），（イ）生徒指導を主に担当する複数の教職員を対象とする研修（生徒指導部単独あるいは関連する他の校務分掌と合同で実施）がある。

②校外における研修

　主として教育委員会等の主催で，（ア）初任者研修や中堅教諭等資質向上研修などをはじめ，（イ）ミドルリーダー育成のために生徒指導主事，教育相談コーディネーター，進路指導主事などを対象にした研修がある。さらに，（ウ）資質・能力の向上と学びの機会となる教職員自主参加の研修もある。

③生徒指導に関する研修の方向性

　児童生徒が抱える問題の早期解決のため原因探しをする傾向が見られるが，長期的な視点から問題の構造や本質を見極め具体的な解決を図る必要がある。

（2）生徒指導の年間指導計画

　全校体制で生徒指導を行うためには，意図的，計画的，体系的な指導につながる次の3つの視点を持つ年間指導計画が求められる。

①生徒指導の2軸（課題対応の時間軸）3類（課題性の高・低と課題への対応の種類）4層（対象となる児童生徒の範囲による支援構造）に関する学校の生徒指導の目標や基本方針などを，年間指導計画の中で明確にする。

②生徒指導の目的（将来，社会の中で自己実現を果たすことができる資質・態度や自己指導能力を身につけるように働きかける）を踏まえる。

③計画性を重視した効果的な支援を積み上げていく。校種や学校の実態に応じて

　項目や形式は異なるが，児童生徒を指導・援助する「時期」と「内容」は明記する。担当部署や担当者名などを示すと，関与の自覚につながりやすい。

（3）教育相談のための教職員の研修

　知識・技法の習得には一定時間が必要なので，研修等を通して「新たな教師の学びの姿（主体的・対話的で深い学び）」や「理論と実践の往還」が実感できるものにする。学校の課題事例を取り上げたり，演習やロールプレイを取り入れたりすると現実と重ねて理解しやすい。研修内容は対象者によるが，

①**教育相談コーディネーター**なら心理学的知識や理論，カウンセリング技法，心理教育プログラムや医療・福祉・発達・司法についての基礎知識など。

②**学級・ホームルーム担当**なら心理的・社会的発達や発達障害についての基礎知識，学級・ホームルーム経営に生かせる理論・技法，いじめや不登校に関する基本的理解と対応方法など。

③**教育相談部の教職員**なら支持的教育相談（すべての児童生徒）に向けた，社会性の発達を促すプログラム（ソーシャル・スキル・トレーニング等）に関する研修も行われる。課題未然防止教育に関して自殺予防教育やいじめ防止プログラムなどの研修も大切である。

（4）教育相談活動の年間計画

　教育相談活動は，P（計画）D（実施）C（点検・評価）A（次年度の改善）サイクルで展開される。三者（児童生徒・保護者・教職員）から得た評価も考慮し，予算，施設設備，人的資源（教職員，SC，SSW等からなる組織），実践や研修に関する年間計画などについて，良かった点や問題点を明確にする。

　また，チーム構成員の役割に応じ具体的支援を行う。たとえば，（ア）SCの協力で生徒指導主事と教育相談コーディネーターの企画した心理的教育プログラムを担任が実施する。（イ）不登校児童生徒への面接をSCが行い，担任は信頼関係を築きつつ学級作りを進める。（ウ）発達的な課題があれば特別支援教育コーディネーターと担任が協働で「個別の指導計画」を作成する。（エ）虐待が想起されたら，担任と養護教諭やSSWなどが家庭や関係機関等と連携を取る。

参考文献
・文部科学省　生徒指導提要（改訂版）
　https://www.mext.go.jp/content/20230220-mxt_jidou01-000024699-201-1.pdf

5．生徒指導と教育相談が一体となったチーム支援

重要ポイントの整理

- 児童生徒理解とは，個々の児童生徒に対し適切な指導・援助を計画し実践するために，学習面，心理・社会面，進路面，家庭面の状況や環境について情報収集し，分析するためのプロセスである。

（1）生徒指導と教育相談

包括的な支援の前提は児童生徒理解であり，生徒指導と教育相談の２つの視点は対立するものではなく，どちらも欠かせないものである。

①生徒指導の視点は，集団に重点を置き規範的・指導的態度で，主体的・能動的な自己決定を支えるように働きかける。得られた情報は，アセスメント力（心理・発達），臨機応変の対応力，コーディネート力（学校内外の連携）を生かし，支援を組織的に進めていく。

②教育相談の視点は，個に重点を置き受容的・相談的態度で，コミュニケーションを通して気付きを促し，悩みや問題を抱えた児童生徒に働きかける。

教育相談は発達支持・課題予防・困難課題対応の機能を持った教育活動である。

（2）生徒指導と教育相談が一体となったチーム支援の実際

校務分掌で担う役割は縦断的・分業的になりやすいが，異なる専門性の新しい考え方を取り入れて横断的・包括的に行うのが良い。

①困難課題対応的生徒指導及び課題早期発見対応におけるチーム支援

２軸（課題対応時間）のうち，即応的・継続的（リアクティブ）生徒指導は事後対応型と言える。対象となる児童生徒の４層の支援構造では，困難課題対応的生徒指導（第４層）と課題予防的生徒指導：課題早期発見対応（第３層）がそれに当たる。

包括的な支援をチームとして展開するプロセスと留意点は，１チーム支援の判断とアセスメント（生物・心理・社会モデル⇨Bio-Psycho-Social Model）の実施⇨２課題の明確化と目標（長期・短期）の共有⇨③チーム支援計画の作成⇨④チーム支援の実践⇨⑤点検・評価に基づくチーム支援の終結・継続である。

②発達支持的生徒指導及び課題未然防止教育におけるチーム支援

２軸（課題対応時間）のうち，常態的・先行的（プロアクティブ）生徒指導は

積極的な先取型と言える。対象となる児童生徒の４層の支援構造では，発達支持的生徒指導（第１層）と課題予防的生徒指導：課題未然防止教育（第２層）がそれに当たる。すべての児童生徒を対象に行う教育活動には目標と計画が必要であり，学校全体で取組む体制のプロセスと留意点は，①学校状況のアセスメントとチームの編成⇒②取組の方向性の明確化と目標の共有⇒③取組プランの作成⇒④取組の具体的展開⇒⑤点検・評価に基づく取組の改善・更新である。PDCAサイクルの推進は，「チームとしての学校」を発展させると考えられる。

（3）チーム学校としての学校種間連携と学校（他校）間連携

　生徒指導上の課題として，「小１プロブレム」（小学校入学後に，うまく集団になじめない，学級が落ち着かないなど）や，「中１ギャップ」（小学校から中学校に移行した際に，不登校児童生徒数や暴力行為の発生件数が増加するなど）のような状況が見られる。家庭・地域社会の教育力の低下，学校種間の移行のつまずき（人間関係や環境の変化，教育課程・教育方法の違いなど），あるいは児童生徒の発達的変化によるものなどさまざまな要因が考えられる。

　データをもとにした分析結果が国立教育政策研究所より「生徒指導リーフLeaf.15S[1]」および「生徒指導リーフLeaf.22[2]」として報告されている。そこでは用語にとらわれることなく，早い段階で予兆が見えていたり顕在化し始めていたりする問題を，児童生徒の発達段階の連続性と実態を適切に捉え対応することの重要さに言及している。

　文部科学省の中央教育審議会答申[3]には，各学校段階内での完結だけでなく，異なる段階にわたった視野に立つ義務教育学校・小中一貫校の取組や，小学校との円滑な接続とPDCAサイクルによる幼児教育の質の向上を図る取組の基本的考え方が示されている。

引用文献
〈1〉　国立教育政策研究所　2020　「中１ギャップ」の真実　Leaf.15S
　　　https://www.nier.go.jp/shido/leaf/leaf15S.pdf
〈2〉　国立教育政策研究所　2018　不登校の数を「継続数」と「新規数」とで考える　Leaf.22
　　　http://www.nier.go.jp/shido/leaf/leaf22.pdf
〈3〉　文部科学省　2021　「令和の日本型学校教育」の構築を目指して―全ての子供たちの可能性を引き出す，個別最適な学びと，協働的な学びの実現（答申）　中央教育審議会

第4章

家庭・地域・関係機関との連携

1．保護者の理解・支援

- 子どもたちにとって保護者の影響は非常に大きく，生徒指導においては保護者の理解や協力を得る必要がある。
- 自らの家族イメージだけにとらわれず，家族のあり方が多様化していると知っておくことが大切である。
- 保護者に協力してもらうだけではなく，場合によっては教員が家庭内で生じている問題を支援することも必要である。

（1）生徒指導における保護者の存在

『生徒指導提要』によれば，生徒指導は学校の中だけで完結するものではなく，家庭や地域及び関係機関等と連携を取りながら「社会に開かれた生徒指導」として推進されるものである。特に保護者はそれまでの生育を含め，子どもの生活を最も間近で見守り，人生をサポートし続ける存在である。保護者との懇談や家庭訪問などを通して，いかなる環境でどのような価値観を持った保護者に養育を受けてきたのかを知ることは，児童生徒を理解するうえでも重要な情報である。

子どもにとって保護者の存在は大きく，学校の生徒指導方針を家庭に理解してもらえないと，家庭の方針とのギャップが障壁となり，効果的な生徒指導が行えない。家庭との連携を高めるためにも，学校だよりやホームページ，PTA会合などの折に触れて，生徒指導に関する学校の年間計画や指導方針などを積極的に発信していくことが求められる。

（2）家族と保護者理解

保護者理解の際には，「家族」に目を向けることが重要である。かつて家族は「婚姻と血縁を基礎とし，夫婦を中心に，その近親者らと共に営まれる生活共同体」とされていたが，現在はその定義だけにとどまらない。ひとり親家庭や特別養子縁組による家庭もあれば，再婚・事実婚によるステップファミリー^{※2}も増加していることから，いまや家族の定義は「自分たちが家族と認めているメンバー」

と呼べるほどの多様性を持っている。それにもかかわらず，私たちの思い描く家族やドラマに登場する「一般的」とされる家族像は，いまだにかつての定義にとらわれたままであることが多いのではないだろうか。自らが持っている家族イメージに固執することなく，さまざまな形態の家族が存在する場合があると意識しておくことは，保護者理解に不可欠であろう。

　また，児童生徒の問題解決に保護者が非協力的であると思えるような場合でも，よく話を聞いてみれば，乳幼児の世話や別居している親の介護が必要で，手が離せないといったケースが存在する。不用意に「非協力的な親」「子どもの問題に正面から取り組もうとしない」などと批判せず，保護者が親役割以外にも，職業人や要介護の親を持つ子どもとしての役割を同時に担っている可能性に想像を働かせたい。

（3）保護者支援

　すべての家族には，それぞれ独自の「家族ルール」[※3]が存在している。子どもをめぐる問題が生じている際，保護者は解決のために最善の策をとろうとする。その対応で問題が解消すればよいのだが，もしもその対応がうまくいかない場合でも，「家族ルール」の影響により，同じような対応を繰り返すだけの悪循環に陥っている場合がある。つまり，保護者としては問題を解こうと必死に取り組んでいるのに，まったく改善されない状態が維持されるのである。

　このような場合，「家族ルール」に影響されない家族外からの助言や働きかけが有効な場合が多い。教員は，学内での生徒指導だけではなく，ときには家庭内で生じている問題に対しても，第三者としてアプローチを行い，保護者を支援することが求められる。

用語等の解説

※1　さまざまな事情によって生みの親のもとを離れなければならない子どもと法的な親子関係を築く手続き。普通養子縁組と異なり，生みの親との親子関係は終了となる。

※2　親の離婚・再婚によって生じてくる血縁関係のない親子関係，兄弟姉妹関係を内包しく成立している家族。離婚率の上昇に伴い，日本においても増加している。

※3　一定の家族機能の繰り返しをつくり出す，共有された規範や価値観のメカニズムのことであり，家族成員は意識的，無意識的にかかわらず家族ルールに従うため，そのやりとりのパターンが固定化されやすい。

引用文献

〈1〉　経済企画庁　1983　国民生活白書　大蔵省印刷局

2．アウトリーチ・家庭訪問

重要ポイントの整理

- 学校におけるアウトリーチの需要は高まっており，スクールソーシャルワーカーなど，有効な社会資源との連携力が教員には求められる。
- 家庭訪問をする際には，①伝えたい情報，②得たい情報，③長期的な目標，を教員側が整理して臨む。
- 不登校支援においては，訪問援助を行ってくれる公的援助や社会資源を知り，必要に応じて紹介できるようにしておく。

（1）教育におけるアウトリーチ

　近年の家族をめぐる問題の多様化・複雑化から，福祉領域における「アウトリーチ」[※1]と呼ばれる訪問援助活動の需要が教育領域においても高まっている。家庭環境の影響が子どもの呈する問題に強く影響していると思われる場合には，生徒指導が学内だけで完結せず，家庭内で生じている問題にまで直接的に，あるいは間接的に教員の介入が求められることがある。たとえば，親子間の不和，家庭内暴力，非行，虐待，あるいは不登校・引きこもりの場合などである。このような問題を学校からの家庭訪問や面談等をきっかけに知りえた際には，学校内の専門家を含めた支援チームで対応方針を検討し，環境調整が必要なケースであれば学校外の関係機関につなげていく。

　2008年に文部科学省が「スクールソーシャルワーカー活用事業」を開始し，自治体によって差はあるものの，学校内で福祉の専門家に相談できるシステムが構築されてきている。教員においては，スクールカウンセラー（SC）やスクールソーシャルワーカー（SSW）といった専門家の特徴を知り，互いに連携・協働をしていく能力が求められる。

（2）家庭訪問

　家庭訪問は，教員にとって伝統的なアウトリーチの手法である。家庭訪問では，訪問する際の意図を明確に持っていることが必要である。特に，何らかの問題を抱えた児童生徒宅に家庭訪問を行う場合には，家庭訪問自体が，「問題のある家庭だから教員が訪問する」という意味合いとして保護者に受け取られてしまい，拒否的な態度をとられる可能性もある。そのような状況での家庭訪問は，生徒や

保護者にとって効果的なものとはなりにくい。

　児童生徒宅への家庭訪問を有益なものにするためには，①伝えたい情報，②得たい情報，③長期的な目標，を教員側が整理していることが求められる。現在生じている問題に対して，学校としての方針と，子どもの状態とをすり合わせた現実的な目標を示し，目標達成のために保護者とやりとりする情報を選定していく必要がある。

　なお，家庭訪問の際には事前のアポイントや時間の厳守，服装や言葉づかいへの気配りといった一般常識を備えていることも必要である。「他人の家に上がらせていただく」という意識を持ち，教員である以前に一人の社会人として適切な振る舞いができているのか確認することを忘れてはならない。

(3) アウトリーチ型の訪問援助

　不登校児童生徒への訪問援助として，相談員や学生ボランティアを家庭に派遣する取り組みが，各自治体の教育委員会によって行われている。派遣された相談員は，子どもの興味や関心に応じて活動内容を組み立てていく。学校関係者ではない大人が自分のために定期的に訪問してくれるという体験は，子どもたちに心の安定と成長をもたらしてくれる。

　また，不登校の児童生徒にとって，学習の遅れは再登校を決意するにあたって，あるいは復帰後においても大きな障壁となる。こうした学習の遅れに対して，公認心理師・臨床心理士のスキルや資格を持ち，学習と心のケアの両方を行う治療的家庭教師を派遣する取り組みがNPOなどによって実施されている。子どもの状況を見ながら，学習支援や訪問相談といった公的援助や社会資源を適切なタイミングで紹介することも教員に求められるであろう。そのためには，年度当初に勤務地にある社会資源を把握しておくことが望ましい。

用語等の解説

※1　福祉サービスの実施方法で，社会的な援助やサービスにつながっていない人を発見し，積極的に出向いて，信頼関係を構築したり，直接サービスを提供したりするアプローチのこと。

引用文献

〈1〉　末崎裕康　2008　第6章　家庭訪問をする　吉田克彦・若島孔文編著　小学校スクールカウンセリング入門　金子書房
〈2〉　齋藤暢一郎・若島孔文　2012　訪問援助における三者関係モデルの構築—不登校・ひきこもりへの家族援助としての機能　家族心理学研究, 26 (1)

3．保護者からの要求

- 保護者も教員も，子どもに「よりよい教育を与えたい」という思いは共通であると認識する。
- 「困った保護者」は「困っている保護者」であり，その困り感に教員は適切に対応することが求められる。
- 保護者には担任だけでなく，チームとして適材適所で対応することが重要である。

（1）保護者からの問い合わせに対する基本的な考え方

　子どもの成長を願って教員側が設定した教育方針と，保護者の求める方針との間にギャップが生じた場合，保護者から教員に対して指導方法や方針についての質問や要求が行われることがある。ここで，保護者の言葉に耳をふさいでしまえば，ギャップは埋まるどころか一層広がっていってしまうだろう。

　一方，保護者からの質問や要求に対して，真摯な姿勢で対応すれば，このギャップは次第に埋まっていく。ここでの真摯な姿勢とは，すべての要求を受け入れるという意味ではなく，保護者の思いをじっくり聴き，理解し，受け止めたうえで，自らの教育方針を丁寧に説明するということである。保護者からの問い合わせは，ギャップを埋めるためのチャンスでもある。

　教育基本法に定められているように，保護者は子どもの教育の第一義的な責任者である。保護者も教員も子どもに「よりよい教育を与えたい」という思いが根底にあるということを忘れてはならない。

（2）過剰と思える要求に対して

　保護者からの問い合わせは，ときには厳しい口調であったり，過剰に思えたりする場合があるだろう。その際，保護者の語る一言一句に対して感情的に反応するのではなく，「メタ・メッセージ」※1（その話を通して何を伝えようとしているのか）を考えることが重要である。(1) 言葉尻だけを捉えると，「学校のやり方を否定している」「自分勝手な要求ばかりしてくる」ように思える話でも，「メタ・メッセージ」に注意して聴いていると，「子どもへの対応に困っている」「子どもの今後が不安だ」といった保護者の困り感が見えてくる。頻回に連絡をしてきたり，

過剰と思える要求をしたりする保護者を「困った保護者」と捉えるのではなく，子どもへの対応に「困っている保護者」であると，教員側の認識を転換することが求められる。そのうえで，保護者がこれまでしてきた対応をねぎらい，困り感を少しでも低減できるような助言をしていけば，より建設的な関係性を築けるだろう。

　なお，電話での会話は内容面に意識が向かいやすく，「メタ・メッセージ」をつかみにくくなるため，込み入った話をする際はできる限り対面で話すよう心がけたい。

（3）チームで対応することの意味

　保護者の対応は常に担任だけで行おうとせず，ときには困りを感じた教員間で協力し合うことも大切である。たとえば，子どもと保護者の関係が良くない場合には，保護者の話を聴く役を副担任や学年主任，SCにお願いすれば，担任は児童生徒本人との関係づくりに力を注げる。また，担任からは伝えにくい内容を学年主任や養護教諭から伝えてもらうなど，複数の教職員が役割分担をすれば，より効果的に保護者対応を行える。それぞれの教職員の個性や役職，性別などを考慮して，チームとして適材適所で対応することが重要である。

　さらに，後から「言った，言わない」を問われることが想定される場面においては，複数の教員が同席することや，手分けをして記録に残すことも必要である。特に対立的な関係になっている場合には，話し合いの日時や場所，参加者と共に発言内容まで記録に残しておくと，後から役立つことがある。担任だけで問題を抱え込まず，互いに相談・協力し合えるよう，日頃から同僚との関係を深めていきたい。

用語等の解説

※1　文字に起こすことができるデジタル情報がメッセージであり，それより高次のものを「メタ・メッセージ」と呼ぶ。「メタ・メッセージ」とは，そのメッセージを通して，本当に相手が伝えたい内容（言外の意味）のことである。

引用文献
〈1〉　若島孔文・生田倫子・吉田克彦編著　2006　教師のためのブリーフセラピー　アルテ

4．地域との連携

重要ポイントの整理

- 子どもたちの教育環境を取り巻く状況の変化を受け，社会全体で教育を行うことが求められている。
- 地域や企業との連携により，「学校を核とした地域づくり」が進められている。
- 公立中学校の運動部活動を中心に地域クラブへの移行が進められている。

（1）地域住民の学校運営への参加

人口減少や貧困問題の深刻化，地域社会のつながりや支え合いの希薄化，グローバル化の進展といった社会の動向を受けて，学校の統廃合，ICT（情報通信技術）・情報化，小学校における外国語教育の導入など，子どもたちの教育環境も変化している。このような状況を受け，子どもや学校が抱える課題の解決や子どもたちの成長のためには，学校だけではなく社会全体が教育を担うことが求められている。

こうした家庭や地域社会と連携・協働に向けた取り組みの1つが，「コミュニティ・スクール」[※1]である。「コミュニティ・スクール」に設置される学校運営協議会では，学校や地域の課題を取り上げ，それぞれの立場や役割に応じた支援策を検討し，具体的な活動につなげていく。

「コミュニティ・スクール」は2022年5月段階で全国に15,221校（全体の42.9%）導入されており，地域連携だけでなく，教職員の意識改革や，学力向上・生徒指導の課題解決においても成果をあげている。

（2）地域との連携・協働による教育活動の充実

コミュニティ・スクールとともに，学校と地域とのパートナーシップのもとで，地域全体で子どもの学びや成長を支える「学校を核とした地域づくり」が目指されている。「地域学校協働活動」[※2]を推進する体制が，地域学校協働本部であり，学校と地域にある社会資源を緩やかに結び付け，総合化・ネットワーク化していく取り組みが進められている。

地域学校協働活動の代表的な取り組みには，学びによるまちづくり・地域課題解決型学習・郷土学習，放課後子供教室，地域未来塾，家庭教育支援活動，登下校の見守り，授業の補助や部活動の支援，社会教育施設や企業等による体験活動

等の出前授業などがあり，地域の特色に応じて展開されている。地域の範囲は主に小学校区を想定しており，学校教育と家庭教育，社会教育が活動に応じて連携・協働・支援し合うことで，地域全体で子どもたちの成長を支える仕組みとなることを目指している。⁽¹⁾

（3）学校部活動の地域移行

　学校の運動部活動では，同じスポーツに関心のある生徒に対して部活動顧問として教員が指導する体制が続いてきた。しかし，教員の対応する問題が複雑化・多様化していることや，少子化の進展のため，運動部を中心としてこれまでの運営体制を維持することが難しくなっている。そこで，公立中学校の運動部活動を地域に移行する取り組みが始まっている。スポーツ庁がガイドラインを示しており，2023年度から2025年度までを改革推進期間とし，まずは休日の活動から地域クラブへの移行を目指している。⁽²⁾地域クラブ活動については，運動や歌，楽器，絵が苦手な生徒や障害のある生徒など，希望するすべての生徒が参加者であることが想定されており，ひとつの競技に偏ることなく，複数の運動種目や文化芸術活動等，生徒の志向に適したプログラムを実施することが求められている。

用語等の解説

※1　保護者代表や地域住民の代表，教職員からなる学校運営協議会を設置している学校のこと。学校運営協議会は，学校運営の基本方針への承認権，教職員の任用に関する意見を述べる権利などがある。

※2　地域の高齢者・成人・学生・保護者・PTA・NPO・民間企業・団体・機関等の幅広い地域の人々等の参画を得て，地域全体で児童生徒の学びや発達を支える活動。

引用文献
〈1〉　文部科学省　2019　地域学校協働活動パンフレット
〈2〉　スポーツ庁・文化庁　2022　学校部活動及び新たな地域クラブ活動の在り方等に関する総合的なガイドライン

5. 関係機関の種類や特徴とその連携

重要ポイントの整理

- 学校は，虐待の予防・早期発見の最前線である。
- 医療機関の受診を勧める際は，相手の受け取り方に配慮をすることが必要である。
- 学校の指導の限界を見極め，関係機関と連携をとることが重要である。

（1）児童相談所との連携

　児童相談所は虐待，発達相談，不登校，非行など，多種多様な問題について連携を行う機関である。児童相談所に勤務する児童福祉司や児童心理司は，福祉の観点から子どもたちを見る専門家であり，速やかな連携のためには自校の行政区の担当者を知っておく必要があるだろう。

　児童相談所との連携においては，守秘義務[※1]があることに配慮したい。保護者から「学校と連携をとってもらいたい」旨を伝えてもらうことで，はじめて学校は発達検査などのフィードバックを受けることができる。

　また，近年増加している児童虐待の通告にあたって，学校がその真偽を明らかにする必要はなく，「虐待を受けたと思われる」段階で通告をする義務を負っている。学校は「要保護児童対策地域協議会」（第12章参照）の構成メンバーであり，かつ日々子どもたちと接するため，虐待の予防・早期発見の最前線であると認識しておきたい。

（2）医療機関との連携

　児童生徒が何らかの疾患を抱えている可能性を疑うときには，医療機関の受診を勧める必要がある。その際，保護者や本人に「学校には手が負えないと思われている」と受け取られないよう，伝え方に配慮が必要である。養護教諭やSCから「学校がより適切に支援していくために情報がほしい」といったニュアンスで伝えてもらうなど，立場を考慮に入れながら役割を分担するとよいだろう。

　受診時には，児童生徒がどのような状況であるのか，観察した内容を紹介状として持参してもらうことで，学校での様子も伝わり，機関同士のつながりがスムーズになると考えられる。なお，紹介状は公的文書であり，学校長名で書かれることが基本である。[(1)]

（3）警察との連携

　学外で行われる非行に対応するには，警察や児童相談所との連携を欠かすことができない。学校にはどれだけ粗暴な言動を生徒がとり，他の生徒や教職員が物理的被害を受けたとしても，言葉による指導しか行うことはできない。指導を行っても，問題行動を繰り返し，改善が見込めない場合には，学校の指導の限界と判断して，警察に指導してもらうことが有効なケースもある⁽²⁾。学校で対応できる限界を見極めることが連携のポイントになるだろう。

　また，窃盗や暴行，名誉棄損・侮辱などのように，重大ないじめ事案や犯罪行為として取り扱われるべき場合には，ただちに警察に相談・通報を行い，適切な援助を求めなければならないことが学校に通知されており⁽³⁾，警察は子どもたちの心身を守るうえでの重要なパートナーと言える。

（4）連携のための留意点

　学校がさまざまな関係機関と連携を行う際には，連携先の専門性が学校とは異なる点に留意したい。専門性が違うということは，子どもを見る視点が違うということである。教育とは異なる視点からの意見を得ることに意味があるため，受け取ったアドバイスに対して「あの担当者は教育がわかっていない」と，教育の視点以外を断ち切ることがないよう心がけたい。

　また，学校が問題を抱え込まないことも大切である。関係機関と連携をするのは，学校が児童生徒の教育に対する責任を放棄するという意味ではなく，教育の効果が最大限に活きる状態になるよう援助してもらう試みであると捉え，限界を感じたら積極的に関係機関と連携することが重要である。

用語等の解説

※1　「業務上・職務上知りえた秘密を他に漏らしてはならない」とする義務。

引用文献

〈1〉　花田里欧子　2003　紹介状の書き方　若島孔文編　学校臨床ヒント集—スクール・プロブレム・バスター・マニュアル　金剛出版
〈2〉　瀬田川聡　2015　ためらわない警察連携が生徒を守る—被害生徒を生まない毅然とした生徒指導　学事出版
〈3〉　文部科学省　2023　いじめ問題への的確な対応に向けた警察との連携等の徹底について（通知）

児童生徒の心理と発達

1．発達

- 発達には，発達段階と発達課題がある。
- 児童生徒の理解と対応には，生涯発達の視点に立つことが重要である。
- 児童生徒の理解と対応には，これまでたどった発達のプロセスを把握する視点と，未来に向けて現在行うべき対応を考える視点に立ったものがある。

（1）生涯を通しての発達

　私たちは，ひとりで立ち上がり言葉を話すこともできない，未熟な状態でこの世界に生まれてくる。それが1年あまりの間で，自力で立ち上がって歩いたり言葉を話したりすることができるようになる。このように，心身が成長し，完全な形態へと変化する，質的変化のプロセスのことを発達という。発達は，一定の方向に順序立ち，連続して進む。赤ちゃんから「大人」へ，未熟から成熟へと，さまざまな能力が向上・上昇する方向だけではなく，能力の衰えや下降の方向も発達に含まれる。その意味において，私たちは，誕生（受精）から死に至るまでの間，一生変化，発達し続ける存在であり，人を理解するには，生涯発達の視点が重要である。

　発達のプロセスには個人差があり，それぞれの発達の道筋から理解しなければならない。脳科学の知見より発達には，ある一定の期間に発達し学習・獲得が成立する，臨界期が存在することが明らかになっている。その一方で可塑性があり，養育環境，教育，療育・訓練などによって変化することもある。

（2）発達段階と発達課題

　発達のプロセスを，一定のまとまりをもった期間ごとに区切り，特徴の変化をとらえる。この期間を発達段階といい，一般的な区分は，乳幼児期，児童期，青年期，成人期，老年期がある。それぞれの段階で身につけるべき課題，直面する問題を発達課題と呼んでいる。表5-1は代表的な発達段階と発達課題をまとめたものである。

表5-1　発達段階と発達課題

発達段階	エリクソンの 心理社会的発達論	ハヴィガーストの発達課題
乳児前期	信頼　対　不信	歩行の学習，固形食をとる学習，親・きょうだいに対する情緒的な結合の開始，話すことの学習，排せつの学習など
乳児後期	自律性　対　恥・疑惑	
幼児期	自主性　対　罪悪感	
児童期	勤勉性　対　劣等感	日常の遊びに必要な身体的機能の学習，積極的な自己概念の形成，男・女の適切な性役割の採用，仲間と交わることの学習，価値・道徳観・良心の発達など
青年期	同一性　対　同一性拡散	同年齢の同性・異性との洗練された新しい関係の形成，社会的に責任のある行動への努力，キャリアへの準備，両親からの情緒的独立など
成人前期	親密性　対　孤立	就職，配偶者の選択，配偶者との生活，育児の遂行，市民としての責任をとる，社会的ネットワークの形成など
成人中期 （中年期）	生殖性　対　停滞	市民的・社会的責任の達成，年老いた両親への適応，職業的遂行の維持など
成人後期 （老年期）	統合性　対　絶望	身体的変化への適応，引退と収入の減少への適応，死への適応，高齢の仲間との神話の形成など

(高橋・中川，2019より作成)[1]

（3）プロセスとしての発達，道しるべとしての発達

　児童生徒の現在の状態や問題行動などを理解するためには，その児童生徒の現在の発達段階における発達課題からみた意味や，その児童生徒がこれまでどのような発達をたどってきたかを把握することが欠かせない。現在の時点に立って過去から現在に至る道筋をたどる，レトロスペクティブ（retrospective）な視点から理解する。「現在」がどのような背景や経緯で生じたのか，そのプロセスをたどり，原因を追究して対応を考えることになる。

　しかし，発達途上にある児童生徒にとって，レトロスペクティブな視点だけでは不十分である。未来の時点に立ち，現在から未来に至る道筋をたどる（想像をめぐらす）プロスペクティブ（prospective）な視点も必要となる。その児童生徒がこうなりたいと希望する姿，保護者や教師がこうあるべきだと願う姿といった，未来の目標に近づけるためには，現在何が足りないのか，学校に在籍する数年間の間に具体的な目標をどう設定したらいいのかなど，発達的な「未来」を道しるべとし，現在行うべき対応をとることは，発達促進的，予防的な支援となる。

引用文献
〈1〉　高橋一公・中川佳子編著　2019　発達心理学15講　北大路書房

2．愛着

- 養育者との情緒的な絆である愛着は，生後2〜3年間に形成され，その後の対人関係のひな型となる。
- 子どもが向ける愛着行動は，養育者にとって親としての自信を高める。
- 赤ちゃんと養育者との愛着関係は相互交流によって形成され，愛着の問題への理解には関係性の視点が重要となる。

(1) 愛着

　私たちは，この世界に1人で誕生し，生きていかなくてはならない。生まれて間もない赤ちゃんにとって，この世界は得体のしれない不安に満ちている。この世界に自分をつなぎとめ，生かしてくれるのは，育ててくれる養育者（主として母親）であり，養育者を通して赤ちゃんはこの世界を把握していく。この世界で生きていくためには，養育者との密接なつながりが不可欠となる。このような養育者との間の，密接で情緒的な絆のことを愛着（attachment）と呼び，生後2〜3年間で愛着が形成される[1]。

　赤ちゃんが養育者に向ける，笑う，甘える，抱きつく，助けを求めるなどの愛着行動は，赤ちゃんと養育者の相互交流によって形成され，双方に相互作用をもたらす。養育者に向けられる愛着行動は，養育者からの保護と世話を引き出し，養育者とのつながりを強めることに大きな役割を果しているだけでなく，養育者にとっても大きな役割を果している。

　養育者にとって，自分が頼りにされているとの感覚を抱き，親としての自信や赤ちゃんへの愛情を強め，さらなる世話や保護をするようになる。養育者からの愛情ある養育を受けることで，赤ちゃんは大切にされている，愛されているという感覚を抱き，養育者に対してより多くの愛着行動を示すようになる。

　そして，大事にされているとの感覚は，赤ちゃんにとって，この世界に対する安心感となり，養育者との愛情の満ちた絆は，この世界（対象）を認識するモデル（内的ワーキングモデル，49頁参照）として心の中に内在化され，対人関係のひな型となる。

（2）愛着の問題

　エインズワース（Ainsworth, M. D. S.）[2]は，ストレンジ・シチュエーション法という母子の分離・再会の実験によって，愛着を安定型，回避型，抵抗型の３つのタイプに分類した。回避型，抵抗型は不安定で問題のある愛着タイプとされている。このように愛着の現れ方には個人差があり，愛着タイプの出現割合は文化によって異なっている。子どもの愛着のタイプによって，養育者の養育態度，育児様式に違いがみられる。養育者の養育態度が子どもの愛着を形作ると言えるが，赤ちゃんと養育者との相互交流の結果として愛着が形成されるのである。

　赤ちゃんには生まれ持った特性（気質）が備わっており，育てやすいタイプ，育てにくいタイプがある。育てにくいタイプの赤ちゃんを養育するには困難さが伴いやすく，愛着形成に問題が生じやすい。そのため愛着の問題を理解するには，養育者の養育態度だけではなく赤ちゃんの気質の双方からみる，関係性障害の視点が重要となる。

　愛着形成に悪影響を及ぼすものに虐待がある。虐待は子どもにとって身体的，心理的に，広範囲にわたり多大な影響を及ぼす。愛着関係が確立する時期である乳幼児期に，虐待により養育者から安定した保護と適切な世話を受けることができないと安定した愛着が形成されず，この世界への信頼感や安心感を持てないため，その後の対人関係に問題が生じることになる。

　また，生後８か月前後に，母親から離れることに抵抗したり，見知らぬ人を怖がり母親に隠れたりする，人見知りが見られる。これをスピッツ（Spitz, R.）[2]は「８か月不安」と呼び，養育者と離れることへの不安や怒り，悲しみの表明であり，母親との分離不安の現れとしている。「８か月不安」は，既知の人物（母親など）と未知の人物とを区別できる認知的能力の発達を伴い，養育者との愛着関係が形成されつつあることによって生じるものである。表出の形と程度には個人差があるものの，「８か月不安」が現れないことは，何らかの愛着形成に問題が生じている可能性が考えられる。

引用・参考文献

〈1〉　ボウルビィ　1991　母子関係の理論Ⅰ　新版 愛着行動　黒田実郎・大羽蓁・岡田洋子・黒田聖一訳　岩崎学術出版社
〈2〉　ホームズ　1996　ボウルビィとアタッチメント理論　黒田実郎・黒田聖一訳　岩崎学術出版社

3. 乳幼児期・児童期の心理と発達

- 幼児期に現れる第一次反抗は，自我の発達において大事なプロセスであり，反抗や自己主張を通して自我を形成していく。
- 乳幼児期から児童期にかけてみられる，ひとり遊びから協同遊びへの遊び方の変化には，対人関係の発達と象徴能力の発達が関わっている。
- 乳幼児期・児童期は，他者の心の状態を理解することができるが，他者の視点に立って理解することは難しい。

（1）自我の形成

　私たちは「自分」のことをどのようなプロセスで理解していくのだろうか。自分が他者とは違う人間であると区別する（自他の分化），鏡に映った自分の姿を「自分」であると認識する（自己認知）といった，「自分」についての理解は生後2年くらいまでにできるようになる。2〜3歳頃には，自分の名前や性別，年齢などの自分の特徴を言葉で表現できるようになり，「自分」という自我が形成されていく。

　3〜5歳頃，「いや！」「○○ちゃんがする」などの激しい反抗や自己主張がみられ，第一次反抗と呼ばれている。それまで親に世話をされ，全面的に依存していた「赤ちゃん」の状態から，身体的，認知的，社会的能力が発達した結果，自分でやってみたいという自主性が「反抗」という形で現れているのである。

　親にとって第一次反抗の子どもの態度はわがままに映ることが多いが，子どもの発達にとっては重要な行動である。時には親が子どもの反抗を制止したり危険な行動を禁止したりしなければならず，子どもにとっては自分の主張が通らない葛藤，自分とは違う主張や考えを持つ他者との出会いの体験となる。これらの体験を通して自我がさらに発達するのである。

（2）遊びと友人関係の展開

　乳児期の養育者との間に形成された愛着を基盤にして，幼児期になると，他の家族や友だちなどの身近な人々へと対人関係が広がる。対人関係の広がりは，遊び方にも現れ，乳児期では，他の子どもと関わりを持たない「ひとり遊び」，他の子どもの遊びを見ているだけの「傍観者行動」，他の子どもと一緒にいても，

互いに関わることなく1人で遊ぶ「平行遊び」といった未熟な関わり合いが多い。それが幼児期になると，砂や草をご飯に見立てる「見立て遊び」やそれぞれが役割を演じて行う「ごっこ遊び」，砂遊びのように各自の役割を分担し協力し合って1つのものを作る「協同遊び」へと展開する。

この遊び方の変化には，対人関係の発達だけでなく，物を他の物に見立てる象徴能力や，ルールを理解し従う社会性の発達も同時に進んでいる。

児童期になると，小学校への入学を機に，生活空間，集団の規模が幼児期よりも広がる。友人関係も，近所に住んでいるという近接性によって結ばれる友人関係から，好きな遊び・趣味が一緒であるという類似性によって結ばれる友人関係へと変化する。

（3）他者についての理解

友人関係の広がり，遊びの展開は，他者の気持ちや立場を理解する力によって支えられている。他者がどのようなことを知っているのか，どのような気持ちなのか，どのような行動をするのかといった心の状態を予測し理解できるようになるのは，3〜4歳頃である。この能力は「心の理論」[※1]と呼ばれており，他者の心の状態の理解が共感性へとつながる。[1]

ピアジェ（Piaget, J.）の認知発達理論によると，幼児期は，自分の視点からの見え方と他者の視点からの見え方とが違っていることをまだ理解できない。子どもは自分の視点から事物をとらえることはできているが，他者も自分と同じように見えていると理解している（自己中心性）。[1]自分とは異なる他者の視点を取得できるようになるのは児童期になってからになる。

用語等の解説

※1　人との関わりの中で，こんなときにはこの人はこう思っているはずだ，こう言ったら相手はたぶんこう思うだろう，といった相手の心の読み取りのことである。自閉症スペクトラムの子どもたちは心の理論の獲得に問題があると考えられている。

引用・参考文献
〈1〉　二宮克美・大野木裕明・宮沢秀次編　2012　ガイドライン生涯発達心理学　第2版　ナカニシヤ出版

4．思春期・青年期の心理と発達　1「大人」への移行期

重要なポイントの整理

- 思春期・青年期は第二次性徴が生じ，親からの自立の衝動が高まることにより心理的離乳が起き，身体的にも心理的にも大人へと移行する時期であり，不安定な時期である。
- 認知面でも，具体的思考から抽象的思考へと思考能力の展開，他者の視点の理解ができるようになるなどの質的な発達を遂げる。
- 乳幼児期に形成された愛着は，内的ワーキングモデルとして，青年期以降の対人関係においても機能している。

（1）「大人」への移行

　私たちは成長に伴い，「子ども」から「大人」の仲間入りをする。思春期・青年期はその変わり目であり，「子ども」から「大人」への移行期と言われている。この変わり目に，身体的な変化として第二次性徴が生じる。性ホルモンによって，男性は精通，女性は初潮を体験することで，次世代を残すために必要な生殖機能が完成され，身体的に「大人」になる。さらにこの時期には「大人」としての意識が高まる。中学生になると，小学校から中学校へと環境的に大きな変化に遭遇し，乗り物の運賃が大人料金になるなど，社会システムでも「大人」とみなされるようになる。

　「大人」への移行には，親の保護・監督から離れてひとりの独立した人間になろうとする衝動が生まれる。これをホリングワース（Hollingworth, L. S.）は[1]「心理的離乳」と呼んだ。乳児期に母親からの離乳を果たした後，青年期には，心理的に親に依存せず，親の保護の元から離れて自立しようと試みる。しかし現実は，親の保護・養育の元で生活しており，経済的にも心理的にも自立できない。しかも，これまで親の保護の元で生きてきた古い自分を脱ぎ捨て，新たな自分になるための不安と戸惑いが生じ，親に依存していた古い自分に戻りたい欲求との間で葛藤が生じる。加えて，青年期の間は性ホルモンの分泌は安定していないため，生理的，身体的，心理的にも揺らぎやすい，不安定な時期と言える。

（2）思春期初期の変化

　「大人」への移行期としての大きな変動を体験する10歳頃からの数年間の時期

について，中沢は，乳幼児期に呈していた問題が再び現れ，顕在化することがあると述べている。頭痛や腹痛といったごくありふれた身体の不調を多く訴えたり，乳幼児期からの疾患・持病の症状が悪化したりするなどの身体症状となって現れることや，登校渋り，いたずら，友人関係のもめごと，親子ゲンカなどの問題行動となって表出されることがある。この時期の身体症状や問題行動は，青年期以降の心理的問題に進展することも多く，親の理解と対応がその後の経過に影響を与える。

　認知的能力でも10歳前後に大きな質的変化が起きる。ピアジェ（Piaget, J.）の認知発達理論では，ものごとについて考える際に具体物を用いて考える「具体的操作期」から，抽象的に考えることができる「形式的操作期」に移行する。友情，責任などの抽象的な概念を考えることができるようになり，記号や数式を用いて論理的思考力も高まる。そして，他者の視点は自分と異なっていることを理解できるようになる（脱中心化）。このような抽象的・論理的思考力の発達に伴い，他者の言動の理由や意味を考えたり，自分と他者の特徴や得意・不得意の分野を比較したり，他者からの自分への評価に悩んだりするようになる。そのため，この時期は，自己に対する全体的な評価（自尊心）が一時的に低くなる。

（3）内的ワーキングモデル

　愛着は乳幼児期に形成され，その後の対人関係のひな型になるだけでなく，青年期以降の発達においても重要な役割を果たしている。人は乳児期から愛着対象との相互交流のプロセスの中で，心の中に対象のモデルを作り上げる。このモデルのことを「内的ワーキングモデル」と言う。青年期以降の対人関係で，乳幼児期からの養育者や周囲の人々との関わり合いの中で形成された内的ワーキングモデルを元にして，他者が自分に対して脅威を与える対象であるかを判断している。

引用文献
〈1〉　平石賢二編著　2011　改訂版　思春期・青年期のこころ―かかわりの中での発達　北樹出版
〈2〉　中沢たえ子　1992　子どもの心の臨床－心の問題の発生予防のために　岩崎学術出版社

参考文献
・渡辺弥生　2011　子どもの「10歳の壁」とは何か？―乗りこえるための発達心理学　光文社新書
・二宮克美・大野木裕明・宮沢秀次編　2012　ガイドライン生涯発達心理学　第2版　ナカニシヤ出版

5．思春期・青年期の心理と発達　2 アイデンティティと友人関係

重要なポイントの整理

- 青年期の発達課題は，アイデンティティの確立であり，それが達成できないとアイデンティティ拡散の危機となる。
- 友人関係は，同じ行動をする同性友人集団のギャング・グループから，類似性を言葉で語り合う同性集団のチャム・グループ，異質性を語り合う集団のピア・グループへと移行する。
- 対人関係はタテの関係，ヨコの関係から，タテでもヨコでもない，ナナメの関係へと展開する。

(1) アイデンティティ

「大人」の仲間入りをする青年期には，自我の発達上，その後の人生に影響を及ぼす重要な発達課題に取り組むことになる。青年期の発達課題は，アイデンティティ（identity）の確立である。アイデンティティについてエリクソン[(1)]（Erikson, E. H.）は，「これこそが本当の自分だ」という実感のことであり，「自分とはどんな人間なのか」「自分らしさとは何か」との問いを通して形成されるものだと述べている。

「自分らしさ」が過去から現在を通して同じであるとの確信，未来に向けても「自分らしさ」が変わらないとの確信，自分が思う「自分らしさ」が家族や友だちなどの身近な人々から承認されているとの確信によって，アイデンティティが形作られる。

アイデンティティが確立した後，「自分らしさ」を確信した個人同士が，自分とは違う「自分らしさ」を互いに尊重し，他者との関係を形成していく。しかし，青年期にアイデンティティが達成できないと，「自分らしさ」を実感できず，アイデンティティ拡散の危機になる。対人不安や対人恐怖を感じたり，非行行動に走ったり，無気力状態に陥ったりする。

(2) 友人関係，仲間集団

思春期・青年期に対人関係のあり方は大きな発達を遂げる。小学校高学年は，同性の友人グループで過ごす時間が増える。このグループは，同じ行動をとる特徴があり，同じ行動をとることでグループ内の心理的な結びつき，結束を強めて

いく。このグループはギャング・グループと呼ばれ，主に男子に出現することが多い。

　中学生になると，互いの共通した類似性を言葉で語り合うことを特徴とした，チャム・グループが形成される。同性友人のグループで，体験したことを言葉にして語ることで，互いの類似性を確かめ合い，一体感を求め合う。

　次に，高校・大学生以降になると，互いの価値観や将来の生き方などを語り合い，類似性だけではなく，互いの異質性をぶつけ合うようになる。グループ内でこのような語り合い，ぶつけ合いの中で，自分と他者との違いを明らかにしつつ，自分自身について確認し，自己を形成していく。このグループはピア・グループと呼ばれ，性別や年齢の異なるメンバーが混在し，互いに自立した個人として認め合う関係であることが特徴である。

（3）対人関係のタテ・ヨコ・ナナメの関係

　この時期の対人関係は，親や教師などの大人との「タテの関係」から，同年代の同性や異性の友人との「ヨコの関係」へと移行していく。学校生活で「ヨコの関係」をいかに結んでいくかが重要となるため，友人関係や仲間集団でつまずきや葛藤が生じると，いじめや不登校に発展し，学校生活において不適応状態に陥ることもある。

　対人関係には，タテの関係でもヨコの関係でもない，「ナナメの関係」も多く存在する。親子というタテの関係ではない叔父・叔母や，学校の先輩などの同じ青年期にある年長のお兄さん・お姉さん的な対象がこれにあたる。「ナナメの関係」にある対象とは，タテやヨコの関係でのつまずきや葛藤とは一線を画し，適度に依存しつつ，中立的な関係を築くことができるため，理想のモデルになりやすい。乾[2]は，青年期の心理療法において「new object論」として，「ナナメの関係」である新しい対象の存在の重要性を述べている。

引用文献
〈1〉　エリクソン, E. H.・エリクソン, J. M.　2001　ライフサイクル，その完結〈増補版〉　村瀬孝雄・近藤邦夫訳　みすず書房
〈2〉　乾吉佑　1980　青年期治療における“new object”論と転移の分析　小此木啓吾編　青年の精神病理2　弘文堂
参考文献
・平石賢二編著　2011　改訂版　思春期・青年期のこころ―かかわりの中での発達　北樹出版

児童生徒理解の方法

1. 児童生徒理解の基本

- アセスメントにおいては、子どもの視点から考えることが欠かせない。
- 児童生徒の背景については、多角的・多面的かつ正確に理解していく。
- 傾聴は、子どもを理解するための基本的な方法である。

(1) 児童生徒理解とアセスメント

　「生徒指導は児童生徒理解に始まり、児童生徒理解に終わる」と言われるように、生徒指導の基本は児童生徒理解であり、その深さが鍵となる。2022年に改訂された『生徒指導提要』では、アセスメントを「チーム支援において、当該児童生徒の課題に関連する問題状況や緊急対応を要する危機の程度等の情報を収集・分析・共有し、課題解決に有効な支援仮説を立て、支援目標や方法を決定するための資料を提供するプロセス」と定義している。今日の生徒指導において、チーム支援（第3章参照）がますます強調されるようになり、児童生徒に関わる多職種がアセスメントに基づき、客観的な理解と方針を共有しながら支援にあたることは欠かせない。ただし、生徒指導において、教師（支援者）が問題を解決しようとするあまり、支援者側の視点からのアセスメントのみに陥らないことが肝要である。

　2010年版『生徒指導提要』では、アセスメント（見立て）について次のように説明している。「解決すべき問題や課題のある事例（事象）の家族や地域、関係者などの情報から、なぜそのような状態に至ったのか、児童生徒の示す行動の背景や要因を、情報を収集して系統的に分析し、明らかにしようとするものである。硬直している状態をいったん本人や家族の視点に立って見ることで、本人や家族のニーズを理解することもできる」。ここに、児童生徒理解において最も大切な基本が2点含まれている。1つめは、子ども本人や家族の視点に立つことである。周囲（教師や支援者）と当事者（子どもや家族）の困っていることや望む解決の形は必ずしも同じとは限らない。教師が子どもの視点に立つことは、共感的な態度を示すことにとどまらず、一見不可解な事態を紐解くヒントとなることがある。

もう1つは，子どもの行動の背景や要因を考えることである。表に現れる行動のみならず，行動の背景に目を向ける際には，多面的な視点から理解を試みる必要がある。これらの基本は，教師の子ども理解の視点に幅や柔軟さをもたらす。

（2）多角的・多面的な児童生徒理解

　児童生徒の背景については，多角的・多面的かつ正確に理解していくことが求められる。能力的側面（身体的能力，知的能力，学力など），心理的側面（性格，欲求や悩みなど），対人関係（家族関係，交友関係，異性関係など），家庭環境，生育歴，相談歴などが基本的な情報としてあげられる。これらの情報は，児童生徒から直接収集する場合もあれば，保護者，他教職員，地域，関係機関などと連携して収集する場合もある。児童生徒への理解と援助のために，プライバシーの保護に細心の注意を払いつつ，情報共有と両立することが課題となる。

　また，個別的理解だけでなく一般的理解の視点を持つことも大切である。したがって，子どものパーソナリティ，心の発達（第5章参照），問題行動や精神病理（第Ⅱ部参照）などの理論を知っておくことも必要である。

（3）傾聴による児童生徒理解

　子どもの視点に立った児童生徒理解の方法として，第一に「傾聴」があげられる。表6-1は，共感と受容のための支持的な聴き方の4つのステップである。ステップ①は，傾聴のために何より最初に身につける必要のある聴き方である。そのうえで，ステップ①と②の視点のほどよいバランスが大切になってくる。さらに，ステップ③と④に進み，聴き手が自分自身の心や感覚も用いながら，理解を深めていくことが求められる。

表6-1　共感と受容のための支持的な聴き方

ステップ①	語り表されることをそのままに受け取り，ひたすら耳を傾ける
ステップ②	客観的に聴く
ステップ③	私自身の体験，思いと重ねて味わい聴く
ステップ④	同じ感覚にあるずれを細部に感じ取る

（松木，2015より一部抜粋）

引用文献
〈1〉　松木邦裕　2015　耳の傾け方—こころの臨床家を目指す人たちへ　岩崎学術出版社

2．児童生徒理解のための理論と方法　1 力動論と防衛機制

重要ポイントの整理

- 子どもの行動の持つ意味を理解するのに，自我・エス・超自我から心を理解する力動論の視点が役立つ。
- 防衛機制とは不安や葛藤を処理して心のバランスを保とうとする働きである。

（1）児童生徒理解のための理論

　子どもの視点に立って傾聴・観察していくと，子どもは必ずしも自分の気持ちやニーズを言葉にできる（意識化できる）とは限らないことに気づくだろう。子ども自身も気がついていない心の奥にある不安や欲求が，行動として表れていることがある。そのため，子どもの心を理解するときに，言葉での表現に加えて，身体や行動を通して表される非言語的な表現も大きな手がかりとなる。たとえば，不登校の「学校に行けない・行かない」という行動の背後にある，その行動に至る子どもの心のありようについて理解していくことが必要である。

　子どもから何がコミュニケートされているのかに，教師は関心を向けて，子どもの行動の持つ意味を考えていくことが求められる。教師に理解されることで，子どもは学び考える力を内在化し，自分自身のことを考え，言葉にしていくことにもつながる。

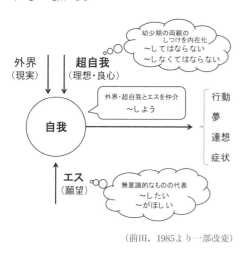

（前田，1985より一部改変）

図6-1　力動論

（2）精神分析の力動論からみた心の理解

　行動の意味を理解する1つの視点として，精神分析における力動論（構造論）の考え方がある[1]（図6-1）。力動論では，意識の表面に表れた行動はなぜ起こってきたのかということを，自我，エス，超自我という3つの分野でのエネルギーの力動的な強さの関係からとらえていく。

　自我は，エスからくる衝動や超自我の禁止によって生じる不安や葛藤を処理して，心のバランスを保ち，

表6-2　代表的な防衛機制

抑圧	苦痛な感情や欲動，記憶を意識から閉め出す。 （例：母親に反発するような気持ちは罪悪感が生じるので意識しない。）
逃避	空想，病気，現実，自己へ逃げ込む。 （例：試験前夜に，今しなくてもいい部屋の大掃除を始める。）
退行	早期の発達段階へ戻り，現実より退く。 （例：弟が生まれてから，赤ちゃん返りをする。）
置き換え	欲求が阻止されると，要求水準を下げて満足する。 （例：父親に腹が立ったので，かわりに弟にやつあたりをする。）
昇華	反社会的な欲求や感情を，社会的に受け入れられる方向へ置き換える。 （例：攻撃的な衝動を，スポーツや芸術活動で表現する。）
補償	劣等感を他の方向で補う。 （例：運動が苦手なので，勉強を頑張る。）
反動形成	本心と裏腹なことを言ったり，したりする。 （例：好きな子にいじわるをしてしまう。）
打ち消し	不快なものを別の行動や考えで打ち消す。 （例：汚いものを触ってしまったら，打ち消すために手を何度も洗う。）
隔離	感情と思考，感情と行動が切り離される。 （例：悲しいという観念だけが浮かんで，悲しみの実感が伴わない。）
取り入れ	相手の属性を自分のものに同化する。同一化。 （例：アイドルの服装を自分に取り入れて真似る。）
合理化	嫌な考えを正当化して，責任転嫁する。 （例：イソップ物語の「すっぱいぶどう」の話。）
知性化	感情や欲動を直接に意識しないで，知的な認識や考えでコントロールする。 （例：相手を攻撃したい気持ちを，知的に言い負かすことで表す。）
投影（投射）	自分の受け入れにくい感情を，他人にあるかのように思い込む。 （例：本当は自分に怒りがあるが，友だちが怒っているように感じる。）
投影同一化	分裂した自己の内面を他人に投影する。それを受けた人は，投影されたものに沿って行動し，考え，感じるようになる。 （例：怒りを投影された友だちが彼と関わるうちに，本当に腹が立ってくる。）
否認	不安や苦痛に結びついた現実を否定し，目をそらして認めない。 （例：自分が失敗した現実を，なかったことのようにする。）
分裂	対象や自己の，よい幻想と悪い幻想を別個のものとして隔離しておく。 （例：恋人のよい面ばかりを見て，悪い面が目に入らない。）

（前田，2014；馬場，2008を基に作成）

適応を図ろうとする。このとき，自我が働かせるメカニズムが防衛機制である。代表的な防衛機制を表6-2に示す。防衛機制は，適度に用いられれば適応に役立つが，極端な用い方をすると不適応につながる。

用語等の解説

※1　フロイトは，局所論（意識，前意識，無意識の3層からなる心のモデル）を発展させた構造論を1923年に提唱した。

引用文献

〈1〉　前田重治　1985　図説　臨床精神分析学　誠信書房
〈2〉　前田重治　2014　新図説　精神分析的面接入門　誠信書房
〈3〉　馬場禮子　2008　精神分析的人格理論の基礎　岩崎学術出版社

3．児童生徒理解のための理論と方法　2 関係性からの理解

- 子どもに繰り返される関係のパターンを，転移から理解することができる。
- 教師の逆転移を探索することで，子ども理解に役立てることができる。

（1）転移と逆転移

　学校現場において，子どもは教師にさまざまな感情を向けてきて，ときに教師はその強さや激しさに圧倒されることもある。子どもと教師の関係で生じるこのような感情を，実際の教師に向けられているというよりも，子どもの関係のパターンが繰り返されているという視点，すなわち「転移※1」として理解することができる。

　また，子どもと関わるなかで，教師にもさまざまな感情が喚起される。これを「逆転移※2」という。教師が転移に気づくことにより，関係の性質を考えるゆとりが持て，より客観的な見方ができることにつながる。さらに，子どもと関わるなかで教師に生じてくる感情（逆転移）を探索することで，子どもの理解につなげていくことができる。このような気づきには，観察と傾聴による理解に加えて，わからないことにもちこたえることができる力が関わってくる。

（2）子どもと教師の関係性からの理解

　子どもの心や関係性への理解の実際として，表6-3に子どもと教師の間で生じる転移と逆転移の一例を示す。力動論や転移・逆転移の視点は，困難課題対応的生徒指導はもとより，課題予防的生徒指導や発達支持的生徒指導にも生かすことができる。

　なお，関係性からの理解を行う際には，教師自身が子ども時代に培った，教師と子どもの関係の性質への見方を，子どもとの関係に持ち込むことにも留意する必要がある。①教師自身の子ども時代の願望や恐れなどの感情，②教師に取り入れられている大人の姿，③大人と子どものつながりの性質，といったことが教育現場に持ち込まれる可能性があり，教師はこれらの感情にも気づくよう努めることが必要である。表6-3の事例でも，B先生の息苦しさが，B先生の過去の経験や関係に起因している可能性についても吟味しておく必要がある。

表6-3　転移と逆転移の例

　小学校5年生のAさんは，担任のB先生を困らせるような問題を起こしたことは一度もなかった。成績も優秀で，遅刻や忘れ物も一度もしたことがない。目立つタイプではないが友達からも人気があった。不登校や落ち着きのない児童が多いクラスのなかで，周りに気を配るAさんは，B先生にとっても助かる存在だった。しかし，B先生はAさんと二人きりで話していると，なぜかひどく息苦しくなることに気づいた。

（Aさんの背景）
　Aさんの姉はとても手がかかり，家族の関心はみな姉に向いていた。単身赴任で子育てに関心のない父親が，姉の起こす問題に対していつも機嫌が悪かった。母親は父親と姉の板ばさみとなり，いつも疲弊した様子でしょっちゅう学校に謝罪に来ていた。Aさんには，優秀でよく気が利く妹としての姿が期待され，まさにそのように生きてきた。

（Aさんへの理解1：力動論と防衛機制）
　Aさんにも，本当は自分も甘えたい気持ち（エス）があるが，これ以上弱っている親を困らせるわけにはいかない（超自我）という思いとの葛藤が生じ，その心のバランスを保つ方法がよい娘として家族のなかで役割を得ることだった（自我）。その結果，Aさんは「本当の自分」を水面下に押し込めるようにして生きてきた（抑圧）。
（Aさんへの理解2：転移と逆転移）
　Aさんは「クラスの親」のような存在であるB先生を困らせないように，「問題の多いきょうだいたち（クラスメイト）」に気を配ることで，気の利く娘のようにふるまっていたのかもしれない（転移）。
　B先生に生じた息苦しさは，「自分」を水面下に押し込めてきたAさんからコミュニケートされた息苦しさをB先生が関わりのなかで感じとったのかもしれない（逆転移）。

　そこでB先生は，Aさんの遊びの様子を観察してみた。実際，Aさんは友達ととてもうまくやっていた。しかしそれは，友達の提案した遊びに賛同したり，意見を調整する姿で，そこからAさんがどんな遊びが好きなのかということはまったく見えてこなかった。

用語等の解説

※1　心理療法においてクライエントが過去の重要な対象との関係を面接者との関係として体験すること。子どもと教師の関係にも応用できる。

※2　教師の無意識的葛藤が転移される場合と，子どもの無意識のコミュニケーションへの教師の無意識的な反応である場合がある。後者は，子どもの無意識を探索する手がかりとなる。

引用文献

〈1〉　ザルツバーガー-ウィッテンバーグ・ウィリアムズ・オズボーン　2008　学校現場に生かす精神分析―学ぶことと教えることの情緒的体験　平井正三・鈴木誠・鵜飼奈津子監訳　岩崎学術出版社

4．集団への理解とその方法

- 生徒指導においては，集団力動を理解することが重要である。
- 関与しながらの観察を行う際には，教師に生じる逆転移にも着目しておく。

（1）集団への理解

　生徒指導においては，いじめや学級崩壊のように，集団の構造からの理解と対応が欠かせない問題もある。子どもの個別的理解に加えて，彼らの所属するグループ，学級，学校といった集団の力動を理解していくことが重要である。

　集団力動を理解する1つの視点として，「課題集団と基底的想定」がある。グループの課題遂行のために機能しようとしている「課題集団」の心の状態と，それに伴う苦痛を防衛しようとして，課題から離れてしまう「基底的想定」行動（表6-4）が優勢になっている集団という観点から理解することができる。

表6-4　基底的想定の3タイプ

依存	メンバーが希望や能力を指導者に投影し，受身的で依存的な集団となる
闘争・逃避	不安が課題外のものに向けられ，敵を想定して，攻撃か逃走かに心が奪われる
つがい	集団の中でペアが生まれ，希望的なものすべてをそのペアに投影する

（2）集団における子ども理解の方法

　『生徒指導提要』においても，教師の日頃のきめ細かい観察力と専門的・客観的・共感的理解の重要性が指摘されている。しかし，教師の観察の多くは関与しながらの観察となり，子どもと関わるなかで教師の側にもさまざまな情緒がかきたてられることも多い。教師の抱く感情（逆転移）を手掛かりに，子どもを理解する方法の1つとして，ワーク・ディスカッションという方法がある。学校現場における関与しながらの観察の報告をもとに，教師と子どもの無意識的コミュニケーションや情緒的体験に焦点をあてながら，グループで多様な視点から話し合うことで事例を理解していく。このグループにおける課題遂行は，行動の背景にある意味や，教えることと学ぶことに影響を及ぼす情緒的要因について，深く理解していくことである。グループを通して，教師は子どもについてもっと考えら

れるようになり，教師と子どもとの関わりに新たな気づきと可能性が開かれることになる。グループでの緊張が高まり基底的想定に陥ると，たとえば安易な保護者や同僚批判（闘争・逃避）や，リーダーへの万能的な期待が高まることになる（依存）。表6-5にグループの一場面を提示する。[3]

表6-5　ワーク・ディスカッショングループの一例

男性教師Eがグループで，ジョニーとケリーという10歳の子どもへの感情について弁解気味に話しました。それは，二人が同じように教室の準備を手伝ってくれていたにも関わらず，ケリーにだけひどくイライラさせられていることへの戸惑いでした。グループでは，二人の子どもについてもっと話し，彼の苛立ちを探索するように促されました。

グループが見出したことは，ジョニーは小柄でおとなしい少年で，課された仕事を何でも引き受ける子どもだということでした。対照的にケリーはおしゃべりで，物の整理の仕方にもアイデアをたくさん持っていました。

グループメンバーが，他のときにはこの二人の子どもたちはどのように振る舞うのかを尋ねました。不安を感じたときにEにくっついているジョニーに対し，ケリーはいつもEの近くにいました。ケリーはEのすぐそばに座り，いつも列の前方にいました。Eの質問に答えるとき，ケリーの手はさっと挙がり，クラスの用事には一番に名乗り出ました。

そしてEに，ある朝に起こったやりとりが思い出されました。彼が眠気眼でぼんやりと車から降りようとしていると，ケリーがどこからともなくヌッと現れて，鞄を運びますと言ったのです。Eはそのとき，「結構だ！　頼むから，運動場に行ってくれ！」ときつく言ってしまいました。Eは自分の反応を深く恥じ入っていました。実際ケリーを追い払いたい気持ちだったと告白しました。

グループで話しているうちに，ケリーの手伝い方は，押しつけがましく支配的なきらいがあるということが浮かび上がってきました。グループはケリーがEにとってなくてはならないアシスタント（あるいはEの妻？）になったつもりになっていると推測しました。それはそばにいたいというジョニーの欲求とは違う感じのやり方で，どうもケリーは自分にくっついていたいのだとEは感じました。つまり，ケリーは，学校という学びの状況で直面する，自分が何も知らず無力な子どもであることの不安を感じなくてすむようにしていたのでした。

（ヨーエル，2009より一部改変）

引用文献

〈1〉　ビオン　2016　集団の経験—ビオンの精神分析的集団論　ハフシ監訳　黒崎優美・小畑千晴・田村早紀訳　金剛出版
〈2〉　ラスティン・ブラッドリー編　2015　ワーク・ディスカッション—心理療法の届かぬ過酷な現場で生き残る方法とその実践　鈴木誠・鵜飼奈津子監訳　岩崎学術出版社
〈3〉　ヨーエル　2009　学校現場に生かす精神分析【実践編】—学ぶことの関係性　平井正三監訳・鈴木誠訳　岩崎学術出版社

第6章

5．心理検査を用いたアセスメント

重要ポイントの整理

• 心理検査は，子どもの利益を第一に，目的を明確にして導入する。

• 心理検査でわかるのは一側面であり，総合的な子ども理解が必要である。

• 実施においては，ラポールの形成をはじめとした留意点を守る。

（1）心理検査の意義とその活用

　心理検査は，比較的短時間で多くの客観的データを収集でき，日常場面では見えにくい子どもの性格や能力，問題の意味などを明らかにできる。心理検査を有効に用い子どもの理解と援助に役立てるためには，子どもの利益を第一に，何を目的として検査を行うのか，どのような側面を明らかにしたいのか，どのように指導・援助に活用したいのかを明確にしたうえで導入する必要がある。

　心理検査には，能力検査（知能検査，発達検査，適性検査，学力検査，神経心理学検査）と人格検査（質問紙法，投影法，描画法，作業検査法）がある（表6-6）。各検査によって把握できる性格・能力の側面やレベルは異なるため，明らかにしたい側面に焦点をあてた検査を選択する。また，多面的で複雑な子どもの心を理解するには，1つの検査だけでは限界がある。各検査の効用と限界を熟知したうえで，子どもを総合的に理解するため，いくつかの検査を組み合わせて使用することをテスト・バッテリーという。性格と能力や，意識水準と無意識水準を測定できる検査を組み合わせて用いることが多い。

　心理検査でわかるのは子どもの一側面であり，検査結果はあくまで多くの資料のなかの1つの情報源としてとらえるべきである。検査から得られた結果を過大・過小評価せず，日常の様子や，観察や面接などで得られた情報と照らし合わせた，総合的なアセスメントが求められる。

（2）心理検査実施の留意点

　何より，子どもとのラポール（信頼関係）の形成が大切である。査定されることで子どもや保護者に喚起される不安に充分注意しなければならない。子どもの不安やモチベーションが，検査への取り組みや結果に及ぼす影響にも留意しておく。また，静かで守られた場所，時間帯，子どもの体調など，実施時の環境を整えておく。さらに，検査者と子どもの関係性が検査（特に投影法）に影響を及ぼ

表6-6　心理検査の特徴と代表的な子どもの心理検査

知能検査	児童生徒の知能の水準や知的能力の特徴を理解し，個々に適した学習方法や指導法につなげるために用いる。団体式知能検査よりも，個別式知能検査の方が精密な測定が可能だが，実施に時間がかかり，検査者の熟練を要する。		
	ビネー式知能検査	ビネー・シモン	1905年に作成された世界初の知能検査。本邦では，田中ビネー，鈴木ビネーがある。年齢尺度であり，精神年齢（MA），知能指数（IQ）を算出する。
	WISC-IV	ウェクスラー	児童用ウェクスラー式知能検査。全体的知能，5つの主要指標（言語理解，視空間，流動性推理，ワーキングメモリ，処理速度），5つの補助指標からなる。
	KABC-II	カウフマン・カウフマン	認知尺度（継次処理，同時処理，学習能力，計画能力），習得尺度（語彙，読み，書き，算数）で構成され，児童の認知能力や学力の特性をとらえる。
	グッドイナフ人物画知能検査（DAM）	グッドイナフ	子どもに人物の全身像を描いてもらい，動作性の知的発達水準を測定する。採点基準に基づいて得点化し，精神年齢と知能指数を算出する。
発達検査	乳幼児や児童の精神発達や身体運動発達を測定し，発達のスクリーニングや早期介入に役立てる。子どもを直接観察する方法と，養育者に問診する方法がある。		
	新版K式発達検査2020	京都市児童福祉センター	姿勢・運動領域，認知・適応領域，言語・社会領域の3領域からなる。年齢尺度であり，発達年齢（DA），発達指数（DQ）を算出する。
質問紙法	質問項目を「はい」「いいえ」などで評定し性格特徴を測定する。（長所）実施・採点が容易で，客観的で安定した結果が得られる。（短所）意識的レベルでの回答にとどまる。意識的に回答を操作できる。		
	矢田部ギルフォード（YG）性格検査	ギルフォード・矢田部達郎	12の性格特性（抑うつ性，神経質，支配性，社会的外向など）から構成される。プロフィールの傾向から，類型論的に5つの性格類型に分類もできる。
	エゴグラム	デュセイ	交流分析に基づき，親（CP批判的な親・NP養育的な親）・大人（A）・子ども（FC自由な子ども・AC順応した子ども）の自我状態から性格を調べる。
	モーズレイ性格検査（MPI）	アイゼンク	外向性・内向性と神経症傾向の2次元から性格を測定する。L尺度（虚偽尺度）により回答の妥当性も検討できる。
	ミネソタ多面人格目録（MMPI）	ハザウェー・マッキンレー	10の臨床尺度（心気症，ヒステリー，抑うつ，パラノイア，統合失調症など）に加えて，4つの妥当性尺度も備えている。550項目から編成。
投影法	曖昧な刺激に対する反応から，個人の感情，欲求や思考などを調べる。（長所）無意識レベルの性格の測定も可能。検査意図が見えにくく意図的に歪曲しにくい。（短所）主観的になりやすい。解析に熟練を要する。		
	文章完成法（SCT）	エビングハウス	未完成の文章（例：私のすきなくだものは　　　）を提示し，思いつくことを自由に記述して文章を完成させる。前意識レベルを測定する投影法である。
	PFスタディ	ローゼンツァイク	絵画欲求不満テスト。対人場面のフラストレーション状況の絵が提示され，人物の発言を連想しふきだしに記入することで性格の一側面をとらえる。
	主題統覚検査（TAT）	マレー・モーガン	絵を見せて物語を作ってもらい，空想された物語を解釈して，子どもの性格に関する知見を得る。児童版はCATである。
	ロールシャッハ・テスト	ロールシャッハ	左右対称のインクのしみでできた図版を提示し，何に見えるかを自由に答えることで性格を調べる。どこに何をどのように見たかを分析する。
描画法	投影法の一種であり，絵を描くことを通して，子どものパーソナリティを調べる方法。（※投影法の長所と短所も参照）		
	バウム・テスト	コッホ	A4の用紙に「実のなる木を一本」描いてもらうことで，子どもの性格を理解する。防衛が働きにくく，普段他人には出さない自己像を示しやすい。
	HTP	バック	B5の用紙に，家屋，樹木，人物の順番に描いてもらうことで，子どもの性格や，環境との相互作用に関する情報を得る。
	動的家族画法（KFD）	バーンズ・カウフマン	子ども自身を含めた，家族の人たちが何かをしているところの絵を描いてもらう。子どもの自己概念に加えて，家族成員との相互関係が反映される。
作業法	比較的簡単な一定の作業を実施し，一定時間内の作業量とその変化，作業内容などから，課題取組に対する態度，精神身体的状態，パーソナリティなどを調べる。		
	内田クレペリン精神作業検査	クレペリン・内田勇三郎	比較的単純な作業である，一列に並んだ一桁の数字を連続加算する作業を行わせ，作業量とその変化，作用曲線から性格を測定する。

※左列より，検査の名称，開発者，内容を示す。

すことがあるので，そのこともふまえた解釈が必要になる。

　倫理的配慮も重要である。検査の導入時に，子どもと保護者に，検査の目的，検査の性質，実施の仕方，守秘義務などの説明をしておく。結果のフィードバックは，子どもの自我機能や自己理解の程度に合わせて，受け入れやすい形で伝える。保護者や学校，専門家などの連携先には，守秘義務に留意しながら，周囲が子どもを支援していくうえで役立つ情報を共有する。検査の実施と解釈には専門的な訓練が必須のため，検査者は習熟に努める。

キャリア教育・進路指導

1．キャリア教育とは

- キャリア教育とは，一人一人の社会的・職業的自立に向け，必要な基盤となる能力や態度を育てることを通して，キャリア発達を促す教育のことである。
- キャリア発達は，生涯にわたって発達するものであり，社会の中で自分の役割を果たしながら，自分らしい生き方を実現していく過程のことである。

（1）キャリア教育の定義

　文部科学省の中央教育審議会が2011年に出した答申「今後の学校におけるキャリア教育・職業教育の在り方について」では，キャリア教育を次のように定義している。

> 一人一人の社会的・職業的自立に向け，必要な基盤となる能力や態度を育てることを通して，キャリア発達を促す教育

　キャリア教育が必要となった背景と課題は大きく2つに分けられる。20世紀後半の情報技術革新に起因する経済や産業の国際化，グローバル化，消費社会への転換，少子高齢化が，①学校から社会への移行をめぐる問題と②子どもたちの生活・意識の変容を引き起こしたことである。①としては，社会環境の変化（新規学卒者に対する求人状況の変化，求職希望者と求人希望との不適合の拡大，雇用システムの変化）と若者自身の資質をめぐる課題（勤労観・職業観の未熟さと確立の遅れ，社会人・職業人としての基礎的資質・能力の発達の遅れ，社会の一員としての経験不足と社会人としての意識の未発達傾向）に分けられる。

　②としては，子どもたちの成長・発達上の課題（身体的な早熟傾向に比して精神的・社会的自立が遅れる傾向），生活体験・社会体験等の機会の喪失，高学歴社会における進路の未決定傾向（職業について考えることや職業選択・決定を先送りにする傾向の高まり，自立的な進路選択や将来計画が希薄なまま，進学・就職する者の増加）に分けられる。

　そして，学習指導要領の改訂により，確かな学力，豊かな人間性，健康・体力を規定因とする「生きる力」の育成が，学校教育に求められるようになり，その中核を占める教育の１つとして，キャリア教育が推進されるようになった。

　「キャリア」は，ラテン語の「車道」を語源としているが，引用者により多様な捉え方（経歴，人生行路など）をしている。文部科学省では，「キャリア」を「人が，生涯の中でさまざまな役割を果たす過程で，自らの役割の価値や自分と役割との関係を見いだしていく連なりや積み重ねの総体」と捉えている。[1]

（2）キャリア発達

　キャリアは子どもの成長に伴い，発達が生起する。先述の中央教育審議会答申では，キャリア発達を次のように定義している。

> 　社会の中で自分の役割を果たしながら，自分らしい生き方を実現していく過程を「キャリア発達」という

　キャリア発達は，知的，身体的，情緒的，社会的発達とともに促進される。そして，各発達段階において達成すべき発達課題をクリアしていくことが求められる。職業心理学者のスーパーは，キャリア発達の過程を，生涯における役割の分化と統合の過程として，「ライフ・キャリア・レインボー（虹）」で示している。[2]乳児期から老年期までの各発達段階において，自分を取り巻く社会や環境との相互作用を通して，自己の立場に応じた役割を果たし，「自分と働くこと」の関係づけや価値観が形成されるようになると考えた。

　キャリア発達の学習プログラムとして，国立教育政策研究所は，「職業観・勤労観を育む学習プログラムの枠組み（例）」を提示している。小学校低学年から高等学校までの５つの発達段階において，職業的（進路）発達を促すため育成すべき具体的な能力や態度を提示している。小学校では「進路の探索・選択にかかる基盤形成の時期」，中学校では「現実的探索と暫定的選択の時期」，高等学校では「現実的探索・試行と社会的移行準備の時期」と位置づけられている。

引用文献
〈1〉　文部科学省　2011　中学校キャリア教育の手引き　教育出版
〈2〉　Super, D. E.　1980　A life-span, life-space, approach to career development. *Journal of Vocational Behavior*, 16, 282-298

2. 進路指導・キャリア教育の歴史

- 進路指導は，中学校や高等学校に限定されるものであるが，キャリア教育は，就学前教育から初等・中等教育，そして高等教育・継続教育に至るまでの長期間の教育であり，進路指導を含む広い概念である。
- 後期中等教育や高等教育を受ける生徒の増加や社会変化に伴い，職業指導から進路指導，そしてキャリア教育へと名称や取り扱う内容も変化してきた。

（1）進路指導とキャリア教育の関係

　後期中等教育や高等教育を受ける生徒がまだ少なかった1950年代から1960年代前半までは，職業指導が進路指導の中心であった。当時の文部省は，1961年に「職業指導」を「進路指導」に呼称変更している。

　キャリア発達は，子どもから成人へと段階的に発達していくので，それに対応したキャリア教育は，幼児教育から始まり高等教育まで継続する。そして，キャリア教育は進路指導を含む広い概念である。他方，進路指導は，「生き方」「あり方」の指導であり，中学校や高等学校に限定される。

（2）進路指導とキャリア教育の歴史

　日本で「職業指導」という語は，1915年に入澤宗壽がvocational guidanceの訳語として初めて用いた。大正期には，職業相談所が各地に開設され，1927年には文部省訓令（「児童生徒ノ個性尊重及職業指導ニ関スル件」）が出された。終戦後，1947年に文部省が「学習指導要領職業指導編（試案）」を刊行し，中学校に「職業科」が新設され，後に「職業・家庭科」に改められた[1]。

　1957年版学習指導要領をみると，「職業・家庭科」は，中学校3年間で315〜420時間開設され，第1群「栽培・飼育・農産加工」，第2群「製図・機械・電気・建設」，第3群「経営・簿記・計算事務・文書事務」，第4群「漁業・水産製造・増殖」，第5群「食物・被服・住居・家族・家庭経営」，第6群「産業と職業・職業と進路・職業生活」の各分野から構成され，第1〜3，5〜6群は，各35時間以上の履修（必修）となっていた。中学校卒業後，就職する生徒が多かったので，技能を身につけさせるという視点が，「職業・家庭科」には強く入っていたと言えよう。第6群「職業生活」分野は，「能率と安全」と「職業生活と適

応」から構成されていたが，卒業後の就職・進学先の決定のみならず，将来の進路選択まで考慮した内容となっていて興味深い。

しかし，1958年版学習指導要領では，「職業・家庭科」が「技術・家庭科」に改められ，「技術科」は男子，「家庭科」は女子を対象とし，「職業・家庭科」における職業指導分野の学習と男女共修という理念が大きく変わった。

職業指導・進路指導は，中学校では特別活動の「学級活動」において実施されることとなり，学級担任が行った。高校では1960年版学習指導要領において，特別活動の「ホームルーム活動」において実施されるようになった。

中学校における進路指導が，ともすれば進学指導に陥りがちな傾向を改めたのが，1993年に出された文部事務次官通知「高等学校の入学者選抜について」である。多様な選抜方法や多段階選抜の実施とともに，業者テストの偏差値を用いない入試が提起された。授業時間中の業者テストの実施やテスト得点・偏差値の進路指導での利用，高校への情報提供の禁止などであり，進路指導が偏差値による「輪切り」から，「生き方」「あり方」の指導に大きく転換した。

（3）啓発的経験

啓発的経験とは，職業体験（例：兵庫県教育委員会が1998年から中学2年生に5日間実施している「トライやるウィーク」）やインターンシップ，デュアルシステム[※1]，ジョブシャドウイング[※2]などの体験を行い，自己や職業理解をすることである。座学による学習を体験によって実質化するものであり，2000年代以降増加した。重要な点は，体験のやりっ放しで終わるのではなく，体験の質の吟味と入念な事前・事後指導の実施である。子どもたちが「学びの共有化」をすることで，適切な職業観や労働観が形成されることになる。

第7章

用語等の解説

※1　訓練生として職場で働きつつ，定期的に学校にも通うというドイツの職業訓練システムのことであり，日本では工業高校を中心に産学連携で行われている。連携やフォローアップ体制に課題が見られる。

※2　生徒が企業の職場で終日，労働者に影のように寄り添って，仕事の内容を観察しまとめる活動であり，近年増加している。働くことの気づきや意義を理解できるようになる。

引用文献
〈1〉　藤田晃之　2000　教育課程と進路指導　仙﨑武・野々村新・渡辺三枝子・菊池武剋編　入門進路指導・相談　福村出版

3. 進路指導・キャリア教育の方法

重要ポイントの整理

- キャリア教育で育成すべき能力として「基礎的・汎用的能力」があり、①人間関係形成・社会形成能力、②自己理解・自己管理能力、③課題対応能力、④キャリアプランニング能力の4つから構成されている。
- キャリア教育の手順は目標と育成したい能力や態度を設定し、教育課程における位置づけを明確にした全体計画を立て、実施後は評価を行い検証する。

(1) キャリア教育で育成すべき能力

　2004年に文部科学省から出された『キャリア教育の推進に関する総合的調査研究協力者会議報告書』では、キャリア発達に関わる諸能力として、①人間関係形成能力（自他の理解能力とコミュニケーション能力）、②情報活用能力（情報収集・探索能力と職業理解能力）、③将来設計能力（役割把握・認識能力と計画実行能力）、④意思決定能力（選択能力と課題解決能力）の「4領域8能力」が示された。「4領域8能力」は、高校までを想定していて、生涯を通じて育成される能力という観点が薄いという問題点があり、2011年には、「基礎的・汎用的能力」が提起された。これは、①人間関係形成・社会形成能力、②自己理解・自己管理能力、③課題対応能力、④キャリアプランニング能力から構成されている。「課題対応能力」を重視し、焦点化されてこなかった「自己管理」の側面も「自己理解・自己管理能力」として独立した能力になっている。[1]

　「人間関係形成・社会形成能力」は、多様な他者の考えや立場を理解し、相手の意見を聴いて自分の考えを正確に伝えることができるとともに、自分の置かれている状況を受け止め、役割を果たしつつ他者と協力・協働して社会に参画し、今後の社会を積極的に形成することができる力である。要素としては、他者の個性を理解する力、コミュニケーションスキル、チームワーク、リーダーシップなどがあげられる。

　「自己理解・自己管理能力」は、自分ができること、意義を感じること、したいことについて、社会との相互関係を保ちつつ、今後の自分自身の可能性を含めた肯定的な理解に基づき主体的に行動すると同時に、自らの思考や感情を律し、かつ、今後の成長のために進んで学ぼうとする力である。要素としては、自己の役割の理解、自己の動機づけ、ストレスマネジメントなどがあげられる。

「課題対応能力」は，仕事をする上でのさまざまな課題を発見・分析し，適切な計画を立ててその課題を処理し，解決することができる力である。要素としては，情報の理解・選択・処理，課題発見，計画立案などがあげられる。

「キャリアプランニング能力」は，「働くこと」の意義を理解し，自らが果たすべきさまざまな立場と役割を踏まえて「働くこと」を位置づけ，多様な生き方に関するさまざまな情報を適切に取捨選択・活用しながら，自ら主体的に判断してキャリアを形成していく力である。要素としては，学ぶこと・働くことの意義や役割の理解，将来設計，選択，行動と改善などがあげられる。

（2）キャリア教育の手順

最初に，児童生徒や地域の特性に応じたキャリア教育の目標と育成したい能力や態度を設定し，次に教育課程における位置づけを明確にする。つまり，「基礎的・汎用的能力」と各教科，道徳，総合的な学習（高校は総合的な探究）の時間，特別活動との関係を明示した全体計画を立てることである。特に，年間計画の作成では，各教科の学習内容の関連性やクロスカリキュラム（教科・領域の内容を相互に関連づけて学習するカリキュラム）についても検討する。

保護者との連携，地域・事業所との連携，学校間連携は，不可欠である。たとえば，職業体験やインターンシップでは，受け入れ事業所のニーズ把握や事前指導，体験発表会等の事後指導などが必要であるが，コーディネートを行う校内委員会や進路指導部が果たす役割は大きい。関係機関から構成されるキャリア教育推進協議会を設置することが望ましい。キャリア教育の評価も重要である。教育目標や指導のあり方の適切性，生徒の変容等をアンケート，ポートフォリオ（子どもの学習の履歴をファイルしたもの），レポート，児童生徒の自己評価や相互評価など多様な方法を用いて検証し，指導の改善に活かすことが求められる。

（3）追指導

卒業後，進学先や就職先で適応できているか，フォローアップすることを追指導と呼ぶ。職場訪問や電話・手紙・電子メールなどを用いて，本人や事業所のスタッフと意見交換をすることが大切である。特別支援学校高等部では，入念な追指導があり，中学校や高校の進路指導担当者もこれから学ぶことが大切である。

引用文献
〈1〉　文部科学省　2011　中央教育審議会答申　今後の学校におけるキャリア教育・職業教育の在り方について　ぎょうせい

4．キャリア教育の推進に際しての留意すべき事項

- キャリア教育と生徒指導・教育相談は，車の両輪のような関係であり，ガイダンス機能とカウンセリング機能を両者とも併せもつ。すべての児童生徒を対象とし，教科，特別活動等のあらゆる教育活動が関与し，全教員が担う。
- 高校在籍時にほとんど指導がなかった内容は，①就職後の離職・失業など，将来起こり得る人生上の諸リスクへの対応についての学習と，②転職希望者や再就職希望者などへの就職支援の仕組みについての学習であった。

（1）生徒指導・教育相談とキャリア教育の関係

　生徒指導は，問題行動を起こした児童生徒のみを対象とするのではなく，すべての児童生徒を対象とし，個別指導と集団指導で行う教育活動である。『生徒指導提要　改訂版[(1)]』では，生徒指導を「2軸3類4層構造」で捉えている。2軸とは，生徒指導の課題への対応の時間軸で着目し，①常態的・先行的（プロアクティブ）生徒指導と②即応的・継続的（リアクティブ）生徒指導のことである。3類とは，生徒指導の課題性と課題への対応の種類から分類したもので，①発達支持的生徒指導，②課題予防的生徒指導，③困難課題対応に分けられる。従来の積極的生徒指導が①と②に，消極的生徒指導が③に該当する。4層とは，生徒指導の対象となる児童生徒の範囲から，すべての児童生徒を対象とした①発達支持的生徒指導と②課題予防的生徒指導：課題未然防止教育，一部の児童生徒を対象とした③課題予防的生徒指導：課題早期発見対応，特定の児童生徒を対象とした④困難課題対応的生徒指導のことである。

　教育相談の技法の1つであるカウンセリングの源流は，①職業指導運動，②心理測定運動，③精神衛生運動の3つであり，キャリア教育の1分野であるキャリアカウンセリングも教育相談として位置づけられる。後述するように，キャリアカウンセリングでは，職業興味や進路適性などの心理検査を用いることが多く，心理測定（アセスメント）の発展とともに精緻化が進められてきた。

　ニートやフリーターが依然として増加しているが，生徒指導の問題と捉えるだけでなく，キャリア教育の課題としても捉える必要がある。

　中学校学習指導要領では，進路指導について「その中で，生徒自らの生き方を考え主体的に進路を選択することができるよう，学校の教育活動全体を通じ，組

織的かつ計画的な進路指導を行うこと。」と記述されている。『生徒指導提要　改訂版』では，「いじめや暴力行為などの生徒指導上の課題への対応においては，児童生徒の反省だけでは再発防止力は弱く，自他の人生への影響を考えること，自己の生き方を見つめること，自己の内面の変化を振り返ること及び将来の夢や進路目標を明確にすることが重要です。」と記述され，生徒指導とキャリア教育は，深い関係にあることが見出される。

（2）キャリア教育推進に際しての課題

国立教育政策研究所生徒指導・進路指導センターの高校卒業生に対する調査[2]では，高校生のときには「取り組んでいない（指導がなかった）」が，卒業後に振り返って「もっと指導してほしかった」と思う学習内容としては，①就職後の離職・失業など，将来起こり得る人生上の諸リスクへの対応についての学習と，②転職希望者や再就職希望者などへの就職支援の仕組みについての学習の2つが挙げられていた。不当なリストラによる解雇・整理解雇に遭った場合，どのように対処すべきか，職場でセクシュアルハラスメントやパワーハラスメントを受けた時，どのように対処すべきかについての知識は不可欠であるが，高校のキャリア教育は，ほとんど扱われていない。労働災害についても同様の状態である。

学校や職場で困難な問題が起こった時，公的な相談機関に関して情報提供を受けたのは，わずか18.0%であった。ここで言う「公的な相談機関」とは，ハローワーク（公共職業安定所），ジョブカフェ（若者のためのワンストップサービスセンター），地域若者サポートステーション，総合労働相談センター，労働基準監督署などである。さまざまな困難を抱えた時，公的な相談機関はセーフティネットとして機能するので活用の仕方についても学ぶことが大切である。[3]

引用文献
〈1〉　文部科学省　2022　生徒指導提要（改訂版）
　　https://www.mext.go.jp/content/20230220-mxt_jidou01-000024699-201-1.pdf
〈2〉　国立教育政策研究所生徒指導・進路指導研究センター　2017　高校生の頃にしてほしかったキャリア教育って何？―卒業後に振り返って思うキャリア教育の意義（キャリア教育リーフレットシリーズ1）
〈3〉　国立教育政策研究所生徒指導・進路指導研究センター　2018　生徒が直面する将来のリスクに対して学校にできることって何だろう？（キャリア教育リーフレットシリーズ2）

第7章

5．キャリア・パスポートの活用とキャリアカウンセリングの技法

- キャリア・パスポートは，小学校から高校までのキャリア教育・進路指導の学びの履歴をまとめたポートフォリオであり，上級の学年・上級の学校に引き継がれる。
- 自己実現を図るキャリアカウンセリングは，開発的教育相談に位置づく。

(1) キャリア・パスポートの活用

　キャリア・パスポートとは，児童生徒が，小学校から高校までのキャリア教育に関わる諸活動について，特別活動の学級活動及びホームルーム活動を中心として，各教科等と往還し，自らの学習状況やキャリア形成を見通したり振り返りをしながら，自身の変容や成長を自己評価できるよう工夫されたポートフォリオのことである。ポートフォリオとは，原語の意味は「綴り帳」であるが，学校現場では児童生徒のワークシート，作文，写真，プレゼンテーションのレジメなどを時系列に集積したものを指す。児童生徒がこれを振り返り，次の課題を構想したり，自己評価をしたりする。また，教師が児童生徒とポートフォリオを基に対話をしたり，ポートフォリオ発表会を通して評価を行う。総合的な学習の時間（高校は総合的な探究の時間）や生活科，理科や社会科の「調べ学習」でよく用いられる。

　キャリア・パスポートは，進路学習やキャリア教育で学んだ学習の履歴が記されるが，さまざまな学習活動の内容と自己評価，将来の希望と決意なども記載され，上級の学年や上級の学校に送られる。

(2) キャリアカウンセリングの技法

　キャリアカウンセリングは，進路相談を中心とした狭義のものと，問題対処力や態度を発達させ，自立的に生きることを促す広義のものとに分けられる。キャリアカウンセリングは，治療的カウンセリングではなく，よりよく生き自己実現を図るといった開発的カウンセリングに分類されるが，代表的な技法として，ウイリアムソンにより提唱された特性－因子論的カウンセリング（マッチング理論）がある。個人の特性と職業の要件を結びつけることが職業選択であると考え，クライエントの認知面が重視される（他方，発達的観点は弱い）。

　カウンセリングの過程は，分析→総合→診断→予測→相談→追指導という６段階をとる。分析では，性格・職業興味検査などのアセスメントを用いて情報を収集する。相談では，得られた情報を基に指示的カウンセリングを行うことが多い。他に，発達理論や組織重視の理論，社会的学習理論に基づく技法もあり，特性－因子論的カウンセリングと相互補完的に活用される（藤岡，2018）。さらに，精神分析的キャリアカウンセリングやナラティブアプローチもある。

　小学校でのキャリアカウンセリングは，児童の個性に応じて学校生活で遭遇する課題に対処する力を育成するもので，教師と児童の対話（将来就きたい職業や進路の夢など）を通して，良好な人間関係を築くためのコミュニケーション能力の向上を目指す。

　中学校や高校のキャリアカウンセリングは，進路の不安を取り除き，主体的に進路を自己決定できるように援助する。担任，進路指導部，スクールカウンセラーが関与し，心理検査の実施とそのフィードバック，キャリアデザイン（自分のキャリアを主体的に設計すること）を生徒と一緒に考えたりするが，入学当初から継続的に行うことが肝要である。

　中学生の悩みとしては，保護者との進路意識の食い違い（生徒は専門学科志望だが，保護者は普通科を希望），推薦入試で不合格になった時のショック，思うように学力が伸びないなどである。高校生の悩みとしては，大学の学部選択（文系か理系か），入試科目が不得意，保護者との進路意識の食い違い（学部選択，親元を離れて下宿したいが，保護者は反対），学部の特色が理解できない，希望する就職先が見つからないなどである。学びたい学科や学部が決まらない場合，オープンキャンパスの参加を勧める，高校では総合学科に進学する，大学では総合科学部や教養学部に進学し，入学後に自分の興味・適性に合致した学科を選択する，先輩の体験談を聞くなどの対処法がある。

引用文献

〈1〉　藤岡秀樹　2018　キャリア・カウンセリングとキャリア発達理論—現状と課題　京都教育大学紀要，132，47-61.

参考文献

・日本キャリア教育学会編　2006　キャリア・カウンセリングハンドブック—生涯にわたるキャリア発達支援　中部日本教育文化会
・渡辺三枝子編　2018　新版　キャリアの心理学［第２版］—キャリア支援への発達的アプローチ　ナカニシヤ出版

6．キャリア教育の具体的な対応

重要ポイントの整理

- 小学校のキャリア教育の目標は，自立性や社会性の基礎を養うことである。
- 中学校や高校のキャリア教育では，進学指導に終始せず，将来の就労に向けて，適切な勤労観・職業観を形成し，「生き方」「あり方」を考えさせる。

（1）小学校のキャリア教育

　小学校のキャリア教育は，具体的な将来設計やキャリアデザインを立てさせることではなく，社会人としての自立性や社会性の基礎を培うことである。

　低学年では，「①小学校生活に適応する。②身の回りの事象への関心を高める。③自分の好きなことを見つけて，のびのびと活動する」ことが中核になる。中心となる教科は，自立の基礎を養うことを目標とする生活科であり，「学校探検」「町探検」「大きくなった私」「家族の仕事や手伝い」の単元と関連が強い。他教科でも，グループ活動を通して社会性を培う。特別活動や道徳科では，体験や活動をきまりを守って行うことや縦割り活動などの参加があげられる。

　中学年では，「①友だちと協力して活動する中で関わりを深める。②自分の持ち味を発揮し役割を自覚する」ことが中核になる。自分のよいところを見つけるとともに，他者のよいところを認め，励まし合ったり，互いの役割や役割分担の必要性が理解できたりするようにさせる。教科では，社会科の「地域探検」「働く人と私たちの暮らし」「消防署や警察で働く人たち」などの単元と関連が強い。特別活動や道徳科では，協力し合って助け合う体験を行い，総合的な学習の時間では探究的な活動を通して，地域の人々の暮らしや生き方を学ぶ。

　高学年では，「①自分の役割や責任を果たし，役立つ喜びを体験する。②集団の中で自己を生かす。③社会と自己との関わりから自らの夢や希望をふくらませる」が中核になる。児童会活動やクラブ活動でリーダーシップを発揮する高学年では，集団において役割と責任を果たすことが求められ，社会との関わりを重視し，進路に夢や希望を持たせる時期であることに留意する必要がある。

　教科では，社会科の「自動車を作る工場」「私たちの生活と食料生産」，家庭科の「自分の成長と家族」「家庭生活と仕事」などの単元が関連する。総合的な学習の時間では，ものづくりの楽しさの実感や働くことの意義を考えさせる。[1]

（2）中学校のキャリア教育

　中学校の進路指導は，かつての「出口」指導から「生き方」「あり方」の指導へ転換し，啓発的体験としての職場体験実習（2018年の実施率98％），高校訪問，職業人講話やインタビューなどが実施されている。キャリア教育は全教育活動で実施され，その充実度が高いほど，生徒の学習意欲の向上が見られる。総合的な学習の時間の目標には「自己の生き方を考えていくための資質・能力を育成する」ことが，探究課題の例示に「職業や自己の将来に関する課題」があげられている。中学校段階のキャリア発達課題は，「①肯定的自己理解と自己有用感の獲得。②興味・関心等に基づく勤労観・職業観の形成。③進路計画の立案と暫定的選択。④生き方や進路に関する現実的探索」の４つである[2]。１年生から総合的な学習の時間を中心に系統的な指導を行うことが必要である。

（3）高等学校のキャリア教育

　高等学校の学科は多様で（2022年学校基本調査では普通科73.6％，工業科7.2％，商業科5.6％，総合学科5.4％，農業科2.4％），生徒の進路希望も多様であるが，高校中退やニートを生み出さないようなキャリア教育が強く求められている。高等学校のキャリア教育の目標としては，「①自己理解の深化と自己受容。②選択基準としての職業観・勤労観の確立。③将来設計の立案と社会的移行の準備。④進路の現実吟味と試行的参加」の４つがある。インターンシップの実施率（2019年）は，全体では74％であるが，普通科では65％と低い。

　総合学科で開設されている「産業社会と人間」を，普通科でも学校設定科目として開講することは意義がある。また，「公共」「政治経済」の授業で，労働三法や労働三権，ブラックバイトやブラック企業の問題，ワークライフバランスやディセントワーク（働きがいのある人間らしい仕事），求人票の見方，最低賃金（最高は東京1,113円，最低は岩手893円：2023年10月現在）を扱い，キャリアカウンセリングや啓発的体験と併せて実施したい。児美川は，「権利としてのキャリア教育」を提案している[3]。「キャリア権」を実質化するのがキャリア教育と捉え，シティズンシップ教育も含み，検討に値する提案である。

引用文献
〈1〉　文部科学省　2011　小学校キャリア教育の手引き（改訂版）　教育出版
〈2〉　文部科学省　2011　中学校キャリア教育の手引き　教育出版
〈3〉　児美川孝一郎　2007　権利としてのキャリア教育　明石書店

個別の
課題への支援

不登校

1. 不登校の歴史と推移

- 不登校は1960年代の半ば頃に出現しており，以来，増加してきている。2022年の不登校児童生徒の全児童生徒に占める割合は，小学校で1.70％，中学校で5.98％である。
- 1980年頃までは，不安と葛藤の強い神経症型不登校が典型例だったが，その後，1980年代の後半には，「学校に行かないこと以外は普通」という印象を与える「さなぎタイプ」の不登校が多く見られるようになった。
- 1990年代後半からは「方向喪失型の不登校」が見られるようになった。
- 2012年からの急激な増加が目立ち，背景についての研究が必要である。

（1）不登校の定義と出現率

　文部科学省は，現在，不登校を「病気や経済的な理由を除き，何らかの心理的，情緒的，身体的，あるいは社会的要因・背景により，児童生徒が登校できない状況にある者」としている。統計上，不登校として数えられる者は，そのうちで「30日以上欠席した者」ということであるが，30日未満の欠席であっても対応や支援が必要である。児童生徒への対応を考えていく際には，「教室にいることが困難な状態」というような，より包括的な定義が有効であろう。

　不登校の子どもたちが初めて現れたのは，1960年代の半ばである。文部科学省は，1966年から不登校で50日以上（1992年からは30日以上）欠席した児童生徒の人数を把握し，全児童生徒数に占める割合を算出している。

　1966年当時は中学校での割合は，0.22％だった（500人に1人）。1990年頃には0.75％（130人に1人），さらに，2001年には2.81％と3％弱になった（35人に1人）。その後，しばらく横ばいであったのだが，2012年から急激に増加している。この増加のスピードはかなり急速で，2022年には5.98％となっている。

　小学校は1966年に0.05％で，1985年から微増が続いていたが，これも中学校と同じく2012年（0.31％）から急速に増加し，2022年に1.70％となっている。

（2）「さなぎの時期」という考え方：1990年代前半

　不登校が初めて出現してから1980年頃まで，不登校の中心は「神経症的不登校」と呼ばれる，葛藤や苦しみが前面に出て，一種の"症状"として学校に足が向かないタイプが中核群であった[(1)]。この頃の中学校での出現率は0.2〜0.3％だから，学校に1人か2人の割合だった。「心がうまく働かなくなった少数の子どもの"症状"」としての不登校だったと言えるだろう。

　その後，1992年には中学校の不登校は，おおむね「学年に1人」という状況になった。この時期には，周囲から見ると「学校に行かないこと以外は普通に過ごしている」ような，葛藤や苦しみは一見するとあまり見られずに，ずっと家にこもるタイプが目立ってきた。

　このタイプは，葛藤を抱える力に乏しく，「未熟」なタイプであると当初は見られていた。しかし次第に，「やがて成熟して前進していくための準備期間」[(2)]として，たとえて言うなら「さなぎの時期」として，不登校を理解する見方が広がっていった。文部省（当時）がこの時期に「登校拒否は誰にでも起こりうる」という見方を提示したのも，このような不登校の様態の変化を反映していると言えよう。そして，対応の方法として，「居場所を作り，そこにいる子どもたちにそっと関わっていく」という方法が中心になった。この，「さなぎの時期と理解して，居場所作りで対応」は，現在に至るまで大きな意義を持ち続けている。

（3）方向喪失型の不登校：1990年代後半からの変化

　その後，2001年頃には中学校での不登校の出現率は3％弱にまで増加している。これは，おおむね「クラスに1人」ということになる。この頃に目立ってきたのは，経済的困難を含む養育環境の機能が不十分である状況から，そもそもどういった方向に自分が成長していくのかが見えなくなっているような，深い方向喪失感の中にいる子どもたちである（方向喪失型の不登校）。この「方向喪失型の不登校」については，3節で詳述する。

　2001年以降は，不登校の出現率は横ばいの状態が続いていたが，2012年頃から急激に増加している。この急激な増加の背景となる社会的な要因については，今後の研究が必要となっているところである。

引用文献
〈1〉　小泉英二編著　1973　登校拒否—その心理と治療　学事出版
〈2〉　山中康裕　1978　思春期内閉—治療実践よりみた内閉神経症（いわゆる学校恐怖症）の精神病理　中井久夫・山中康裕編　思春期の精神病理と治療　岩崎学術出版社

第8章

2．不登校への理解と対応の基本的な姿勢について

- 不登校の子どもを理解する時に，単一の具体的な事柄を原因とすることは，有効な方法ではない。
- 子どもの個性と周囲の環境との相互作用の中で子どもが環境に適応しようとする営みの現れとして，不登校を理解することが大切である。
- 子どもの個性は生まれてから現在までの歴史の中で育まれてきているということへの想像力が重要である。

（1）原因を探すことは有効な方法ではない

　身体的な病気ではないにもかかわらず登校しない子どもを前にすると，周囲にいる者は不登校の原因を探したくなる。そして，「学校で何かあったのではないか」と，校内でのトラブルを探すことになる。トラブルの1つや2つはたいてい見つかるので，それが原因とされることがある。また一方で，本人の心の動きの中に原因を見つけようとすることもある。そして，学校に行かない理由として十分なだけの「苦しみ」や「悩み」を見つけられなかったなら，不登校は本人の「怠け」や「心の弱さ」の問題なのだと見られることも多い。

　このように，子どもの外側にある「対人関係のトラブル」として特定の事件が原因とされたり，子どもの内側にある「怠け心」のせいにしたりすることが，不登校の周辺ではいつでも起きているように思われる。さらに，外的な要因と内的な要因の間の二者択一で，単純に1つの原因を求めようとすることもある。

　しかし，外的な要因と内的な要因はほとんどの場合，複雑に絡み合っている。また，外的なことも内的なことも，「友達ともめたから」とか「怠け」とか，単純な話ではない。こうした単純な原因探しは的外れなことが多いし，子どもの心のあり方から遠ざかってしまうことになる。

（2）内的な状況と外的な状況の相互作用

　不登校に限らないことだが，子どもが問題とされる行動をとった場合，その行動の「原因」を探るよりも，その行動が持つ「意味」を読み取ろうとすることが大切である。問題とされる行動は，その子どもが自身の内に育んできた「個性」が，外的な環境との間で妥協点を見出して適応しようとする必死の努力でもある。

　例を挙げよう。物静かな優しさを持っていて周囲の人たちの感情を敏感に感じ取る資質を育んできたある女子は，小学校高学年になった頃，クラスの場に充満するピリピリとした緊張感を真っ先に強く感じてしまい身動きが取れなくなった。そして次第に登校が難しくなってしまった。この状況で，「この子の不登校はこの子自身の優しさが原因である」と言えるだろうか？

　また，中学校のとても穏やかにまとまったクラスの中で，ある女子生徒の欠席が目立ち始めた。実は，彼女の家庭は，両親の大声での争いがいつも続いている。彼女にしてみれば自分が個人的に抱えている家庭の問題と，クラスの仲間たちの楽しそうな様子との間には，距離がありすぎる。この距離を心の中で埋めながら，しかも自分も笑顔で過ごすというのはかなりエネルギーを使うことである。その中で欠席が増えたことを，彼女の「怠け」と言えるだろうか？

　一般に，心の内側に抱えているものと，周囲の外的な環境との間に起こる摩擦やギャップが大きい時には，自分が壊れたり歪んだりすることを防ぐ必要が生じてくる。そうした必死の営みの表現として不登校を理解することが大切である。

（3）子どもの歴史の大切さ

　子どもが自らの内に育んできたものは，その時点でのその子どもの「持ち味」や「個性」として，非常に大切な価値を持っている。そしてそれは，昨日やこの一週間や一か月の中で育んできたものではなく，これまでの人生を通じて織りなされてきた営みそのものでもある。

　前述の「小学校高学年の優しい女子」に対して，「これから生きていく中では，もっと厳しい状況もあるのだから，もう少し強くなるように」と求めていくことは，論理的には間違っていないかもしれない。しかし，彼女の"優しさ"は，できる限り他の人にも心地よい形で関係を作ろうという努力の結果，育まれたものであった。彼女に「もっと強くなりなさい」と言うことは，実はとても難しいことだろうし，場合によっては残酷なことになる。

　一人一人の子どもがそれぞれ固有の歴史を持って生きているということへの敬意を失わないという姿勢は，不登校に限らず子どもたちに関わる時にはいつも求められる。目の前にある事象ばかりにとらわれずに，子どもたちが一人一人異なった独自の人生を背負いながら生きているということへ向けて，できる限りの想像力を働かせる必要がある。

3. 子どもたちの方向喪失感と不登校

重要ポイントの整理

• 1990年代の半ば頃から，方向喪失型の不登校が増加してきている。
• 方向喪失感の中で学習から離脱してしまっている場合も多く，居場所のなさから非行傾向との関係が出てくる場合もある。家庭の養育環境に困難な状況が見られる場合も多い。
• 児童福祉との連携が求められる。また，どのように子どもたちに生きていく方向性を伝えていくのかが難しい課題となっている。

（1）子どもたちの方向喪失感

　不登校を理解し支援する枠組みとして，「さなぎの時期である」と理解して「居場所を作りながら徐々に動き出す時を待つ」という形が有効であることが，1990年頃から浸透してきた。この理解と支援の形は，今でももちろん有効である。しかし，1990年代後半〜2000年代の社会の変化の中で，「さなぎの時期」という見方だけでは支援の手が届かない不登校の子どもたちが現れている。

　不登校の子どもたちだけではないのだが，自分がどういう方向に向かって育っていけばよいのか，どのように過ごせば自分の人生を作っていけるのか，わからない中で傷を抱えて漂っている子どもたちは多くなっている。その子どもたちが学校での学びから離脱してしまい，登校しなくなる場合が見られるようになってきている。こうした子どもたちの中には，発達障害ではなくともかなり早い時期から学力面での困難を抱えている者もいる。

（2）非行傾向との親和性と家庭の抱える困難

　こうした「方向喪失型の不登校」とでも呼べる子どもたちの中には，男女それぞれに，非行傾向が高いと見られる子どもたちがいる。ただし，その非行傾向は，大人への反抗や挑戦という色合いはあまりない。居場所がなく方向性が定まらない中でさまよっているうちに，規則や法律の線をふらりとまたいでしまったような形が多い。反抗というよりもむしろ，空虚感や方向喪失感，そして，傷ついた心を抱えている。(1)

　すべての子どもたちではないものの，家庭が養育困難な状況を抱えている場合も少なくない。夫婦関係に強い葛藤があり，中には暴力（ドメスティックバイオ

レンス）が見られる場合もある。離別によるひとり親世帯の中で困難な子育て環境になっている家庭も増えている。

　また，経済的な困難を抱えている家庭もある。家計を担う親の解雇や家業の倒産だけでなく，最近はそもそも非正規雇用や期限付きの雇用にしかついたことのない親のもとで育つ子どもたちが増えている。何しろ，正規雇用の割合が下がっているのだから，親本人の努力の問題に帰するだけでは問題は解決しない。ひとり親の場合には正規雇用につくことが難しく，複数のパートの掛け持ちの中で経済的困難にとどまり続けざるを得ない状況もある。その中で，親自身がメンタルヘルス上の問題を抱えてしまう場合も多い。うつの問題，双極性障害などの気分障害にはしばしば出合うが，他にも，アルコールを初めとする依存の問題なども深刻な時がある。

　こうした家庭の中では，もちろん，虐待も起こりうる。しかし，そこまで行かずとも，自分が望まれて生まれてきたという実感は乏しい中で育つ子どもたちは多い。実際に「お前が産まれてこなければよかったのに」と言われるケースも少なくない。そして，生きていく上でモデルとなる姿を親から見せてもらうことは難しいまま，子どもたちは育っていく。ほどほどに問題がないと思われる家庭の中であっても，自らが望まれて産まれてきたという安定感とモデルとしての親のイメージとが曖昧になってしまっている子どもたちは増えている。

（3）方向喪失感の強い不登校への支援

　こういった子どもたちへの支援の形を作っていく際には，虐待や触法行為への対応も視野に入れる必要があるので，児童相談所を初めとする児童福祉機関との連携が不可欠である。要保護児童対策地域協議会との連携も不可欠である。

　また，子どもたち本人への関わりの中では，どのように生きるための方向性を子どもたちの心の内に育むかという難しい課題に直面することになる。子どもたちが抱えている歴史の重みを感じ取りながら，粘り強く関係を紡いでいく努力が不可欠であると言えよう。

引用文献

〈1〉　香川克　2012　不登校の状態像の変遷について―方向喪失型の不登校という新しい型　心理社会的支援研究, 2, 3-15　京都文教大学

参考文献

・湯浅誠　2008　反貧困―「すべり台社会」からの脱出　岩波新書

4．教育支援センター（適応指導教室）や別室登校による支援

- 不登校支援の関連機関としては，教育支援センター（適応指導教室），公立教育相談機関，フリースクール，児童相談所，児童精神科などの医療機関，大学附設やNPOなどによる外来カウンセリング機関などがある。
- 学校内の相談室登校や保健室登校などの別室登校も，重要な支援の場である。
- 教育支援センターや別室登校における不登校支援の重要な機能は，居場所の提供である。

（1）教育支援センター（適応指導教室）

　不登校の子どもたちを支援する機関の中で，全国的に最も広く設置されているのは教育支援センター（適応指導教室）である。適応指導教室は，1990年代前半に不登校の子どもたちの"居場所"として教育委員会による設置が始まり，指導要録上出席扱いすることができるようになった。2013年には名称が教育支援センターとなったが，適応指導教室という名称もまだ使われている。

　教育支援センターのスタッフは，指導主事・学校教員などの学校教育関係のスタッフの他，臨床心理士や公認心理師などカウンセラーの配置が行われている場合や，教員養成系・心理学系の大学院生などが若手のスタッフとして非常勤で勤務する場合がある。また，地域のボランティアのスタッフがいることもある。

　当初は登校するのが難しい子どもたちの"居場所"を作るという目的から，できるだけ学校とは異なる雰囲気を持つ場を作ろうという試みが多く見られた。教室のプログラムも教科教育の比重はあまり高くなく，少人数活動や体験活動を行う教室が多かったようである。具体的には，スポーツ・調理実習・園芸・工作などである。

　最近では，学習の時間も設ける教室が多くなってきている。この背景には，発達障害を伴う不登校児童生徒を始め，学習支援が求められる不登校の事例が増加したことがあると考えられる。また，「学習よりもグループ場面での対人関係がしんどい」という児童生徒が増加したことの影響もあるだろう。

（2）別室登校

　学校には足を運べるものの，教室に入ることが難しいという状態の子どもたち

は少なくない。こうした場合には，保健室・相談室など，教室以外の場所を利用して校内での居場所を作り，登校できるようにする試みが行われている。

　学校の状況により運用の形はさまざまである。活動内容については，「まずは，学校の中に"居場所"を確保する」という観点から，本人（たち）が過ごしやすい内容を含む形が望ましい。

　また，別室にいる子どもたちに対して，学年の教員や担任が関心を向け続けていることが重要である。一方で，安心感の得られる護られた居場所として別室が機能することも重要であるから，本人にとって侵入的に感じられるような接触は避けることが望ましい。特に，他の子どもたちによる別室訪問にあたっては，無理のない形になるような配慮が重要である。

　子どもたちへの対応は，教育相談担当の教員の他，空き時間の教員や養護教諭などが当たることになるが，他の用務との兼ね合いが難しくなる。そこで，各教育委員会や学校の工夫で，ボランティアや有償のスタッフを導入している場合もある。教員養成系や心理学系の大学院生や，臨床心理士，公認心理師，退職した教員，地域の方々などがスタッフとして活動することがある。

（3）居場所としての教育支援センター・別室登校の意義

　教育支援センターは学校外に居場所を作る試みであり，別室登校は学校内の教室外に居場所を作ろうとしている。いずれも，児童生徒が本来いるべき場所の"教室"以外のところを居場所にしていくので，「教室以外に居心地の良い場所が出来てしまうと，教室に戻りにくくなるのではないか」と思われることがある。

　しかし，多くの場合，"自分には居場所があるんだ"という実感を持つことは，本人にとってとても重要な体験になる。教室や学校以外の場所であっても，こうした居場所を足場にしながら，その先の"居場所"や進路を模索する子どもたちは少なくないのである。もちろん，担任や学年教員からの適切な距離感を保った働きかけが重要になることは言うまでもない。

用語等の解説

※1　フリースクール：教育支援センターは教育委員会が設置する"学校外の居場所"であるが，フリースクールは，民間のNPOなどが運営する"居場所"である。

5．小学校までの具体的な理解や対応

- 母親や家庭から離れられない分離不安と関連した不登校が小学校低学年では見られる。子どもと母親の不安が"共揺れ"していることが多い。
- 母親の不安も適切に抱えつつ，「一緒にいる安心感」を味わってもらう体験を積み重ねていくことが，対応の初期には重要である。
- 一緒にいるところから，本人のペースに合わせて少しずつ分離を図っていくという方法が有効である。「急がば回れ」が肝心である。

（1）分離不安－母親と子どもの不安の"共揺れ"

　小学校入学時点や低学年の段階で，母親や家庭から離れる際に子どもが強い不安を訴える場合がある。このような，「分離不安」と呼ばれる不安を背景に持った不登校が，小学校低学年ではよく見られる。

　まず，分離不安は子どもの側の不安であると同時に母親の不安でもあり，双方の間で"共揺れ"のような現象が起きがちであることは知っておきたい。母親は，子どもが離れていくことに微妙な不安を感じて子どもを抱き留めるようにして手離し難いことがある。一方で，子どもが離れてくれないことに不安を感じて過度に突き放すために，子どもの不安が強まる場合もある。いずれにせよ，母親と子どもの不安を両方まるごと受け止めるような構えが大切である。

　母親が子どもとの分離に際して不安になっているのを見ると，頼りない母親に対して批判的な気持ちが引き起こされることは多い。しかし，親の不安についても，批判的になるよりは支援的になることのほうが関わりとして有効である。

（2）「一緒にいる安心感」を味わってもらうこと

　分離不安への対応の基本方針は「急がば回れ」である。分離を急がずに，母親と一緒にいる安心感を味わう体験が積み重なる中で，次第に離れられるようになる。母親が登校に付き添ったり教室で一緒に過ごしたりすることは，かなり有効な対応である。

　ただし，母親自身が抱えている不安への配慮も大切である。教室で一緒に過ごすことは，「他の子どもたちが一人で教室にいられること」を目の当たりにし続けることでもあり，母親の不安を強めることがある。学校のスタッフが大きく構

えて，母子を共に受け入れるような雰囲気作りが望まれる。また，下の子の幼稚園の送り迎えや母親の仕事など，母親のスケジュールへの配慮も忘れないようにしたいものである。

このようなやり取りの中で，次第に，母子の様子や母親の不安の質についての見立てが深まってくることがある。母親が抱えている不安は，育児の中で通常感じる程度の不安の場合もあれば，もっと根深い不安の場合もある。母親自身が自分の親との間に根深い葛藤を抱えていた場合や，現在の夫婦関係に強い葛藤がある場合などは，母親の不安は相当強いものになる。こうした母親の不安を抱えるためには，カウンセリングは時に非常に有効である。

（3）子どものペースで徐々に離れていくこと

一緒にいる安心感を味わう中で，徐々に子どもが離れていく動きが起き始めてくる。このペースは，周りからの働きかけで早めようとしすぎないほうがよい。ここでも「急がば回れ」である。

たとえば，学校で一緒に過ごす中で，時には母親が早く帰らなければならないことも生じるであろう。そのような時には，子どもに「お母さんは給食の後，一度お家に帰るけれど，6時間目が終わる頃に迎えに来るから，その間，一人でいられる？」と聞いてみるとよい。本人が「大丈夫」と言えば午後の授業を一人で受けることに挑戦してみればよいし，難しいようならその日は給食の後，母親と一緒に帰るのがよい。「本人のペースで少しずつ」が肝心である。

このような取り組みの中では，「出来ない約束はしない」「子どもとした約束は必ず守る」の2点は重要である。また，「了解を得ないままこっそり離れることはしない」ことも大切である。早く一人で過ごさせたいという焦りを母親が感じた時などに，子どもに了解を求めないまま，こっそりいなくなったりする場合がある。これは，子どもの不安感を高め，離れにくくなる可能性が高い。

また，強引な分離を試みる働きかけは，子どもの不安を高め，事態を悪化させることが多い。時折，強引な分離で一見うまく離れるようになる場合もあるのだが，子どもにしてみれば自分の不安は高まったままで，我慢しているだけである。「無理やり従わせられた」という感覚が残ることも多く，後に別の問題の元になるケースにもしばしば出合う。

一般に，分離不安については時間をかけて本人のペースを守る働きかけを丁寧に行えば，少し時間はかかるものの，後は順調に推移することが多い。繰り返しになるが「急がば回れ」が大切である。

6．中学校以降の具体的な理解や対応

重要ポイントの整理

- 自己像を模索することは，思春期の大きなテーマである。そして，自分の好みを明確化することを通して，自己像の模索が行われることは多い。
- 不登校の子どもたちに関わる中で，その子どもが好きなものを共有する働きかけは，単に関係を豊かにするだけでなく自己像の模索を促す上で有効である。

（1）自分の世界を作ること−「自分が好きなもの」を探して

　中学生から高校生にかけての時期は，自分の世界を作りながら自立への歩みを始めることが大きなテーマとなる。「思春期の自分作り」のテーマである。ただし，10代半ばのこの時期には，「自分とは何か」というような抽象的な問いを自らに問うような子どもは多くはない。「自分とは何か」ではなく「自分は何が好きか」ということを通じて自己像を探ろうとする動きが生じ始めるのである。

　この年代の子どもたちが，「好きなアニメ」や「好きなアイドルグループの好きなタレント」を語る時の思い入れの強さは相当のものがある。好きなマンガ，好きな小説（ライトノベルも多い），好きなゲームなどなど，挙げていけばきりがないくらいのジャンルがある。こうした"物語"や"人物像"に少しずつ自分自身を重ね合わせながら，自分の輪郭を明確に感じ取ろうとしているのであろう。

（2）不登校と「好きなもの探し」

　不登校の状態にある子どもたちも，もちろん自分作りや自分探しをしている。むしろ，登校している子どもたちよりも一層強く，自己像の模索を迫られている場合も多いと思われる。登校しているのであれば，そこそこ人に合わせていれば済む（それはそれでしんどい場合も多いが）。しかし，登校しなくなっている生活の中では，「フツー」の人たちの日常から外れてしまっているという実感の中で，「それでは私は一体，なにものなの？」という問いが切実なものとして迫ってくるのである。

　そのために，登校しない生活の中で，「自分の好きなもの」を見つけることは，とても大切なこととなる。ところが，「自分の好きなもの」を実感したり表現したりすることはなかなか難しいことのようだ。最近，友人関係の中で個性を発揮

して目立ってしまうと何を言われるのかわからないという緊張感が高まっている。こうした緊張感そのものが不登校の背景の1つになっていることも多い。その中で「こんなものが好きだなんて自分はおかしいと思われないか」という，恐れを感じる者は少なくない。

（3）「好きなもの」を共有するという関わり方

　思春期の子どもたちは「自分の好きなもの」を通じて自分探しをしている。しかし，なかなか好きなものが見つからない場合もあるし，他者と共有するには恐れも大きい。このように考えると，家庭訪問や別室登校などの場面で思春期の不登校の子どもたちに関わる際に，「好きなもの」を共有することは大きな意味を持つ。子どもとの関係が豊かになることはもちろんであるが，それだけではなく，子どもが自分自身についてのイメージを膨らませ，明確にしていくのを促進することにもなるであろう。

　アニメといい漫画といいライトノベルといい，大人から見ると「子ども向けのくだらないもの」と思われるかもしれない。しかし，だまされたと思って一度味わってみるとよい。思春期の子どもたちにとって大切なテーマが生き生きと（時には深い形で）表現されていることに驚かされる。

　もっとも，「私にはどうにもわからない」ということもあるだろう。そういう時には無理をせず，「自分には（残念ながら）わからないけれど，この子どもにとっては大切なものなのだ」と尊重する気持ちは持ち続けたいものだ。

　時に，死をめぐるテーマを持つものがたりに魅入られている子どもに出会い，どのように対応していいか迷ってしまうこともある。しかし，思春期の子どもたちにとって，死はかなり身近なテーマでもある。思春期の大きな心身の変化は，子どもたちにとって一度死んで新たに生まれ直すような体験であり，象徴的な死と再生の時期なのである。死を巡るテーマをタブーにはせずに，慎重に丁寧に共有していくことが大切であろう。

　また，インターネットが関連する領域での「好きなもの」は，大人にとってわかりにくいこともあり，危険なものと思われがちである。実際，遠方の人物と急につながりが出来てしまうこともあり，リスクがないとは言えない。ネット依存のような状態に陥るリスクもある。しかし，「自己像の模索の一環」として考えた時，丁寧に共有して話に耳を傾ける大人がいるのであれば，リスクだけでなく意義が生まれてくる場合もある。意義とリスクとのバランスにうまく目配りしながら，丁寧に見守る姿勢が大切であろう。

いじめ

1．いじめ定義の変遷

重要ポイントの整理

- 昭和60（1985）年の最初のいじめ定義では，被害が「一方的」，「継続的」であることを定義の要件とした。学校側にいじめ認定の決定権があるとされた。
- 平成6（1994）年のいじめ定義の変更では，先の学校による認定を廃し，いじめられた本人の立場に立つことをいじめ認知の最優先とした。
- 平成18（2006）年の定義の変更では，増加してきた「ネットいじめ」を視野に入れ，加害者と被害者の関係を広く「一定の人間関係」としたこと，「継続的」を抜くことによって，被害が一過的であってもいじめと認定した。
- 平成25（2013）年の定義は，「いじめ防止対策推進法」で定められた。

（1）定義－その1－

①昭和60（1985）年に文部省（現，文部科学省）が，示したいじめの定義である。

②翌年に東京で起きた，いじめ被害を受けた中学生の自死（自殺）がマスコミに大きく取り上げられたことをきっかけに，子どもたちによるいじめが深刻な「教育的課題」と位置づけられ，この定義が全国的に周知されるようになった。

> ①自分より弱い者に対して一方的に，②身体的・心理的な攻撃を継続的に加え，③相手が深刻な苦痛を感じているものであって，学校としてその事実を確認しているもの。なお，起こった場所は学校の内外を問わないものとする。[(1)]

　「一方的」，「継続的」，「深刻な苦痛」など，この定義の表現について論議があり，この定義が示すいじめの範囲が実態よりも狭義であることが指摘された。

（2）定義－その2－

　次に平成6（1994）年度の調査（同上）で，次のように定義が変更された。

> 「①自分より弱い者に対して一方的に，②身体的・心理的な攻撃を継続的に

加え，相手が深刻な苦痛を感じているもの。なお，起こった場所は学校の内外を問わない。」とする。なお，個々の行為がいじめに当たるか否かの判断を表面的・形式的に行うことなく，いじめられた児童生徒の立場に立って行うこと。[1]

ここでは「いじめられた児童生徒の立場に立って行うこと」と明記し，被害者である子どもの立場を優先したことが大きな変更点であった。

（3）定義－その3－

平成18（2006）年に更なる定義が行われた。

個々の行為が「いじめ」に当たるか否かの判断は，表面的・形式的に行うことなく，いじめられた児童生徒の立場に立って行うものとする。「いじめ」とは，「当該児童生徒が，一定の人間関係のある者から，心理的，物理的攻撃を受けたことにより，精神的な苦痛を感じているもの」とする。なお，起こった場所は学校の内外を問わない。[1]

この定義では，これまで記載されていた「一方的」「継続的」「深刻な苦痛」などの文言が削除された。いじめを幅広くとらえ，ささいないじめも見逃さないようにすることを教員はじめ学校関係者に喚起した。また，SNS等の匿名性や間接性の高いインターネットを介したいじめの増加を踏まえて，被害者・加害者の関係の強弱を問わず，「一定の人間関係のある者」とした。

（4）現在の定義

現在は次節で詳述する「いじめ防止対策推進法」（平成25（2013）年）で以下のように規定されている。

児童等に対して，当該児童等が在籍する学校に在籍している等当該児童等と一定の人的関係のある他の児童等が行う心理的又は物理的な影響を与える行為（インターネットを通じて行われるものを含む。）であって，当該行為の対象となった児童等が心身の苦痛を感じているものをいう。[1]

引用文献
〈1〉　文部科学省　2013　いじめの問題に対する施策
　　http://www.mext.go.jp/a_menu/shotou/seitoshidou/1302904.htm

2．いじめ防止対策推進法－その１－

重要ポイントの整理

- 平成25（2013）年に制定された「いじめ防止対策推進法」とは，学校でのいじめの防止や対策について，学校や行政などの責務が規定された法律である。
- 「いじめ防止対策推進法」に基づくいじめの定義では，これまで以上に加害行為を広くとらえるとともに，被害を受けた児童生徒の立場を最大限尊重した内容となっている。
- 「いじめ防止対策推進法」の規定から策定された国の基本方針を受け，地方公共団体に策定の努力義務，各学校に基本方針の策定が義務化された。
- 「いじめ防止対策推進法」の見直し規定により，平成29（2017）年にさらに「基本方針」が改定され，いじめ対応の重点事項が具体的に示された。

（1）「いじめ防止対策推進法」(1)とは

　平成23（2011）年のいじめに関連した中学生の自死（自殺）*1事件を背景に，「いじめ防止対策推進法」が平成25（2013）年に制定された。同法は，学校で起きるいじめの防止や対策について，学校や行政などの責務が規定された法律である。基本的な方向性として，いじめは人権への深刻な侵害行為であり，いじめ防止には教育関係者だけでなく社会総がかりで取り組まなければならない課題であることが示されている。さらに犯罪行為を含む深刻な事態には，法的介入が必要であるとしている。

（2）「いじめ防止対策推進法」に基づくいじめの定義

　現在のいじめの定義は，この法律の第1章第2条において規定されている（前節参照）。この定義では，「攻撃」という言葉を廃し「心理的又は物理的な影響を与える『行為』」として加害行為をこれまでの定義以上に広くとらえている。また，被害を受けた児童生徒の立場を最大限尊重するために，被害者側の被害感を基軸とした定義となっている。

（3）「いじめ防止対策推進法」によるいじめの基本方針

　同法の規定から，「国の基本方針」が策定され，それを踏まえて地方公共団体も「基本方針」の策定が努力義務化され，これを受けて各学校では「学校いじめ

防止基本方針」を策定することが義務とされた。この基本方針の策定には，保護者，地域の人々，児童生徒の意見を取り入れること，ホームページ等で公開することとして，地域社会を巻き込んだいじめ防止の活動の促進を図っている。

（4）法の見直しによる重点事項

平成29（2017）年には，法の見直し規定から国の基本方針の改訂が行われ，次のような各学校のいじめ対応の重点事項が示された。

①けんかやふざけ合いでも見えないところでいじめが発生している場合があることに留意する。

②いじめは，単に謝罪で「解消」しない。

③いじめの解消とは，次の２つともが満たされていることを指す。（ア）被害者に対する心理的又は物理的な影響を与える行為が止んでいる状態が相当の期間（３か月が目安）継続している。（イ）被害者が心身の苦痛を受けていない（本人や保護者に確認）。

④教職員がいじめに関する情報を抱え込まず，教職員間で情報共有を徹底する。

⑤いじめ防止の取り組み内容を基本方針やホームページなどで公開することに加え，児童生徒や保護者に年度当初や入学時に必ず説明する。

なお，令和５（2023）年に発足した「こども家庭庁」では，「こども政策の新たな推進体制に関する基本方針(2)」に基づき，いじめに関して主として次の３点に取り組んでいる。①学校外からのアプローチによるいじめ解消の仕組みづくり。②第三者性確保による重大ないじめ事案への対応強化。③こども政策の司令塔としての政府全体の体制づくり。

用語等の解説

※１　平成23（2011）年，滋賀県大津市で起きた中学生２年生男子（当時）の自死（自殺）を指している。この事件はメディアで大きく取り上げられ，いじめ対応に関して，学校のみならず教育委員会も厳しい批判に晒された。

引用文献
〈1〉　いじめ防止対策推進法　2013
〈2〉　こども家庭庁　2020　こども政策の新たな推進体制に関する基本方針―こどもまんなか社会を目指すこども家庭庁の創設　（令和３年12月21日閣議決定）

3．いじめ防止対策推進法－その2－

- すべての学校に「いじめの防止や対策のための校内組織」を作ることが義務付けられている。
- 「重大事態」と見なされるような場合，事実の解明と再発防止を目的とした調査の実施が定められている。

（1）「いじめ防止対策推進法」に定める組織

　この法律では，すべての学校がいじめの防止や対策のために校内組織を作って対応することが義務とされている。この組織を実効性のあるものとするため，当該学校の複数の教職員，心理，福祉等の専門家その他の関係者によって構成されるものと規定され（図9-1），チーム学校として以下5つの役割を組織的に機能させることが求められている。

　①学校のいじめ防止基本方針に基づく年間指導計画の作成。

　②いじめの相談・通報の窓口となり，認知した情報を収集・整理・記録。

　③いじめが疑われる情報があった場合，緊急会議を開催，情報の共有。

　④学校のいじめ防止基本方針が実情に即し適切に機能しているか点検し，PDCAサイクル[※1]で検証。

　⑤いじめ重大事態への対応の母体。

（2）「いじめ防止対策推進法」に定める重大事態

　いじめの重大化・深刻化から，平成29（2017）年いじめへの対応を徹底するため，「いじめの重大事態に関するガイドライン」が定められた。「重大事態」とは，

　①いじめにより生命，心身または財産に重大な被害が生じた疑いがある場合（生命・心身・財産重大事態；1号事案）

　②いじめにより相当の期間学校を欠席することを余儀なくされている疑いがある場合（不登校重大事態；2号事案）

　いじめが「重大事態」と見なされるような場合，学校または学校の設置者（教育委員会等）は，「組織を設け，質問票の使用その他の適切な方法によって当該重大事態に係る事実関係を明確にするための調査」をすることになる。この調査は，公平性・中立性を確保したうえで，①事実の全容の解明と②学校・教育委員

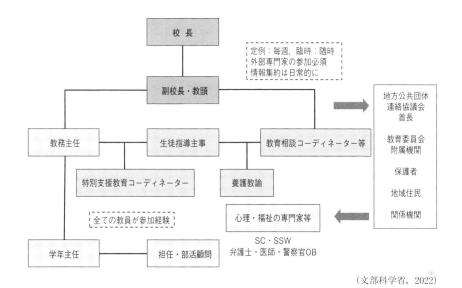

図9-1　学校いじめ対策組織の例

会等の対応を検証し，再発防止につなげることを目的としている。

　調査の開始は，①学校が重大事態と認知した場合，②児童生徒・保護者から重大事態に至ったと申し立てがあった場合とし，②の場合は，学校が「いじめの結果ではない」，「重大事態ではない」と考えたとしても，報告・調査することになる。

　この際，因果関係の特定を急がないこと，客観的な事実関係を調査することを重視し，いじめの再発防止に努めることが求められている。学校・教育委員会のもとに調査組織（第三者委員会等）が作られ，調査結果は教育委員会等を経て首長になされる。必要があれば，再調査を行うことができる。

用語等の解説

※１　PDCAサイクルとは，生徒指導において，計画（P：Plan）を策定し，実施（D：Do）し，点検・評価（C：Check）を行い，改善（A：Action）へとつなげることを指す。

引用文献

〈1〉　文部科学省　2022　生徒指導提要（改訂版）
　　https://www.mext.go.jp/content/20230220-mxt_jidou01-000024699-201-1.pdf

4．いじめの認知（発生）件数と対応

重要ポイントの整理

- いじめの認知（発生）[*1]件数の推移から，いじめの認知がいじめを巡る社会的状況の変化によって大きな影響を受けることが示唆される。
- いじめの未然防止，早期発見，対処という対応のプロセスは生徒指導の発達支持的生徒指導，課題未然防止教育，課題早期発見対応，困難課題対応的生徒指導に重なるものである。

（1）いじめの分類

　いじめはその形態，きっかけ，加害者などによって，さまざまな分類ができる。以下は，いじめの形態による分類の例である。

①**言語的いじめ**：相手の悪口や言われたくないあだ名で呼ぶ，言葉による恫喝や脅しなど，「言語」を媒体としたいじめ。

　悪口やあだ名で呼ぶなどは，性別や学年を問わず，いじめ行為の初期段階によく見受けられる。この段階での適切な対応は深刻化への歯止めとなる。

②**身体的・物理的いじめ**：身体に関して恥ずかしい思いをさせたり身体を傷つけたりすること，また身につけているものを含む所有物を壊したり奪ったりすることなどによるいじめ。

　このようないじめの場合，身体的・物理的な被害だけでなく，心理的な被害を受けることが多い。深刻ないじめとなりやすく，犯罪と見なすべき場合も少なくない。

③**関係的いじめ**：仲間はずれや無視，根拠のない噂の流布，所有物を隠すなど，直接被害者本人と関わるわけではないが，間接的な行為で本人に心理的ダメージを与えるいじめ。これらはその行為の性質上，一人（被害者）対多数（加害者）という構図が生じやすく，加害者が集団化していくこともある。

（2）日常的トラブルから暴行・傷害まで

　上記のいじめは，その手段，加害者の数，継続性・反復性，暴力の程度などを考慮すれば，個々の事案によってその被害の深刻さは異なってくる。たとえば，言語的いじめを考えてみれば，休み時間の雑談中にちょっとふざけが度を越してしまったとか，冗談がきつすぎたなど，事案としてはそれほど深刻ではないもの

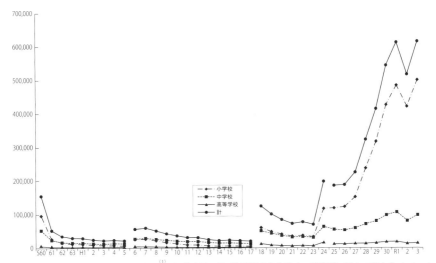

（総務省統計局「e-Stat 政府統計の総合窓口：児童生徒の問題行動等生徒指導上の諸問題に関する調査『いじめ』」）

図9-1　いじめの認知件数の推移

から，「死ね」「汚い」など，口にしてはならない言葉を多数の同級生から継続的に言われるなど，非常に深刻なものまでが含まれる。

　実はいじめ被害をその深刻さから考えると，警察などの介入が求められるような重大事案よりも，日常的交流の延長上の出来事ともいえる軽度から中程度のものが数的には多い。教師が適切に対応することによって解決・解消していく事案が多いのである。

　加えていじめ現象では，被害者と加害者の訴えに齟齬が生じることが起こりやすい。換言すれば，いじめ問題では被害者がいても，加害者にその自覚がない場合が起こりうる。よって，被害者側の立場に立つことを原則としながら，加害者の考えや気持ちにも耳を傾けて指導にあたるチーム学校としての対応が求められる。

用語等の解説

※1　平成17（2005）年度までいじめの件数を「発生件数」と呼んできたが，平成18（2006）年度以降，「認知件数」に改められた。本章では以後「認知件数」とのみ記載する。

引用文献

〈1〉　総務省統計局　e-Stat 政府統計の総合窓口：児童生徒の問題行動等生徒指導上の諸問題に関する調査「いじめ」

5．小学校までの具体的な理解や対応

重要ポイントの整理

- 児童期までのいじめでは，子どもたちがどのような出来事をいじめと認識しているかを把握する必要がある。
- 保護者の気持ちに寄り添うことが効果的な対応となる。

　以下の仮想事例により，児童期の子どもたちへの対応のポイントを考えてみよう。

（1）児童期の事例

　小学校2年生のA（男子）は，毎日学校から戻るとその日にあったことを楽しそうに母親に話す天真爛漫で心身ともに元気な子どもで，母親も彼の話を聞くのを楽しみにしていた。ところが今週の月曜日の朝，「お腹が痛くて学校に行けない」と訴え，しばらく様子を見ても涙目で「行きたくない」というので，担任に電話して休ませることにした。すぐにかかりつけの小児科に行ったのだが，医者の話では熱もなく，お腹の状態も悪くないとのこと。ただ，診察室でAが絶えずまばたきしていて，落ち着かない様子だったことが気になった。

　翌朝もなかなか支度せず，ぐずぐずしている。学校まで車で送ったが，校門に入るまで何度も暗い顔つきで車の方を振り返った。なんだか気になったので，その日学校から帰ったAに「学校がいやになったのかな。いじめられてるの」と問いかけたが，黙っておやつを食べている。「A君，言わないとお母さん，A君を助けてあげられないじゃないの，いじめられているんだね」と少し強い口調で聞いてみると，うつむいたままコクンとうなずいた。

　早いうちに手を打とうと，すぐに担任に電話した。すると担任から，別に最近クラスでいじめは起こっていないのだけれど，今週の出来事といわれれば，月曜日に座席替えをしたことくらいだが，との話だった。しかし，Aの隣になったのが，活発を通りすぎて乱暴な感じのB（男子）だと聞いて，母親はAの気持ちが手に取るようにわかった気がした。きっとこれまでもBに嫌なことをされていたに違いない。それなのに，よりにもよって隣の席になってしまって……。母親はこれ以上BにAがいじめられないように，明日学校に直接行って，担任に申し入れようと決心した。

（2）児童期の子どもにとっての「いじめ」のイメージ

この事例では，実際にAがBからどんないじめを受けたのか，あるいは受けていないのかさえはっきりとしていない。事例からうかがえるのは，母親の「いじめられているんだね」との問いかけへのAのうなずきによる反応だけである。

実はこの事例では，AがBからいじめを受けた事実はなかった。ただ，座席替えで休み時間にいつも遊んでいたグループと離れたAが不安な気持ちになったこと，月曜日に予防接種があること，加えてBへの恐怖心から，Aは登校を渋ったのだった。そして母親の「いじめられているんだね」との必死の問いかけに，何となくうなずいたというのがことの成り行きだった。

このように幼児期や児童期の子どもたちは，いじめについて明確な内容を把握しないまま，自分にとって不快なこと，悲しかったこと，つまらなかったことなどの内心のいやな気持ちなど，渾然とした事柄すべてがいじめと他者から言われれば，その言葉の方に出来事を合わせるようにして理解してしまうこともある。

したがってこの時期の子どものいじめ事例への対応では，まず事実がどうだったのかを把握すること，そのうえで当事者の子どもの心の安定に焦点を当て，大人が必ずその子どもを守ることや学校が安心していられる場所であることを伝えることが肝要である。

（3）保護者の不安

この事例のキーパーソンは，当事者であるAよりも母親である。この時期の保護者は子どもの気持ちの揺れに敏感であり，子どもの様子が普段と異なる場合，「仲間はずれになっているのでは」とか「いじめられているのか」など，不安な気持ちを抱きやすい。

したがって，この時期の事例では，保護者の思いに耳を傾け，保護者の信頼を得られるような丁寧な対応が望ましい。

保護者が「学校は安心，何があっても先生はしっかり対応してくれる」と確信できることによって，その保護者の安心感が子どもに伝わり，子どもの気持ちも安定して事態が収束に向かう事例も多く見受けられるのである。

6. 中学校（思春期）以降の具体的な理解や対応

重要ポイントの整理

● 思春期の被害者は，自罰的・自己内省的となって自らがいじめられていることを否定するなど，複雑な心理状態である場合が多い。

● 思春期の事案では，被害があるか否かの事実関係の確認だけでなく，言葉にならない被害者の思いをくみ取り支援していく教師の感性や生徒指導力が求められる。

　以下の仮想事例により，思春期の子どもたちへの対応のポイントを考えてみよう。

（1）思春期の事例

　いじめの早期発見のために毎月末に実施しているいじめに関するアンケートの自由記述欄に，クラスのC（中2女子）が，同級生のD（女子）を中心とするクラスの同性グループから，継続していじめられていることが匿名で記載されていた。しかし担任から見るとCはDのグループの一員で，週末もよくグループで繁華街に出かけるなど，結構楽しんでいる様子。先日も遠足のときに禁止されていた携帯電話をグループ全員が隠し持っていて，C，Dともに生徒指導主任から厳しく指導されていたはず。日頃のCの様子にしても，ジョークが得意でグループ内の道化役，思い悩んでいるようなそぶりは感じられないのだが。

　いじめではないと思うのだが，アンケートに記載がある以上，何らかの対応をしなければならない。しかし，様子をさりげなく見るといっても，このケースではグループで仲良くしているようにしか見えないから，それでは対応にはならないだろう。そこで，グループとは無関係の生徒数人にさりげなく「Cはいじめられてないのかな」と聞いてみたが，誰一人として肯定するものがいなかった。アンケートはいたずらだったかとも思ったが，担任としてはそれでも何か気がかりだったので，他のメンバーには何も知らせずに，本人に確かめてみることにした。

　その結果，Cは完全にいじめの事実を否定し，その上，「先生，それってZさんの間違いですよ。あの人，いつも部活の先輩からいじられているらしいし。Zさんを心配してあげた方がいいんじゃないですか」と，忠告してくれた。

　確かにその後，Zが部活でお金を先輩から取られた事実が判明して，いじめ事

案として対応したのだが。

　実は，それから半年後にCがスクールカウンセラーにDたちから非常に陰湿ないじめを1年以上も受けていたことを訴えたことで，このときに担任の対応が不十分だったことが明らかになった。

（2）被害者の複雑な心理

　思春期のいじめ事案では，自らの被害を他者に知られないようにふるまう子どもたちが多く見受けられる。この事例のように自らの被害を隠し通すために加害者の仲間としてふるまう，わざと楽天的な態度をとって苦しさを糊塗し偽りの笑顔を見せるなど，周囲からは被害者とは思えないこともある。このような態度の背景には，思春期の子どもたちの複雑な心理がある。

　たとえば，自らにも何か悪いところがあるからいじめられているなど，被害者が自らを否定的に捉える傾向，親や教師に自分のことなどで迷惑をかけたくないと考える傾向，あるいは，周囲の人たちに自分が被害に遭っていることを言われるのが惨めで恥ずかしいので，騒がれたくないと考えてしまう傾向などがある。これらは，自意識が強くなりやすい思春期の子どもたちの特徴が強く作用しているとみなすことができる。

（3）教師による支援

　したがって，思春期の被害者に対して「いじめられているのか」と面と向かって尋ねても，その事実をそのまま伝えてくれるとは限らない。もちろん，いじめの事実を確認することは重要ではあるが，たとえ，いじめが確認できなくても，教師がいじめについて気遣っていることや味方になることを伝えることには大きな意味がある。

　もっとも重要な点は，「いじめはない」という言葉に安心することではなく，彼らの言葉にならない思いをくみ取る感度を教師が磨くことである。そこには，日々の子どもたちの様子に気を配り，彼らの学業成績や心身の変化などに気づき，彼らを支援していく教師の高い生徒指導力が求められるのである。

インターネット（スマートフォン等）に関わる課題

1. 金銭・通信・投稿等関連のネットトラブル

- スマートフォン（以下スマホ）や学校から配布のGIGA端末，通信型ゲーム機（以下ゲーム機）等のインターネット端末を通じて起こるネットトラブルが急増・低年齢化している。金銭に関するトラブルは，高額被害になってきている。

- 軽い気持ちでのSNS等の通信が，コミュニケーショントラブルや不適切投稿・著作権侵害等のトラブルになり，逮捕や高額賠償請求されたりしている。

- 流失した画像や個人情報等をネタに脅迫される事案が多い。SNS等の乗っ取りやなりすましでは，不正ログインや情報等の不正入手等が急増している。

（1）金銭に関するネットトラブル

　インターネット（以下ネット）は，1995年頃から広まった新しいコミュニケーションツールであり，新しい機能を持つシステムやアプリケーションソフト（以下アプリ）が次々と開発されている。現代では児童生徒間でスマホやGIGA端末・ゲーム機等でのネット利用が浸透（小学生97.5％，中学生99.9％，高校生98.9％）している。こうした中，ネットの匿名性により，全校種でネットトラブルが急増し，低年齢化している。SNSに起因する事犯の被害児童数は，1,732人（令和4年）と大変多い。小学生は，オンラインゲーム（以下ゲーム）の課金と無料ゲーム，そしてアプリからのワンクリック詐欺被害が多い。ネット上では，児童が保護者のクレジットカードを無断使用する等，被害が高額になっている。

　中学生以降は，ワンクリック詐欺やアダルトサイト等の閲覧による不正請求被害が多い。スマホやSNS，ゲーム等の乗っ取りによる電子マネー等の不正使用，課金等による高額請求，ネットショッピングのトラブルも多い。ネットショッピングは保護者に気づかれないため，問題性のある商品や薬物等を購入する事例が多い。近年では，SNSがきっかけで小遣い稼ぎのつもりで，特殊詐欺や強盗等の加害者となる闇バイトのトラブルも急増している。その他，他人になりすましたオークションへの出品やネットバンキングでの不正送金等の不正アクセスによ

るトラブルも増え高額被害となっている。

（2）通信（迷惑メールや不適切投稿等）に関するネットトラブル

　SNS等でのコミュニケーションは，いつでも自分のタイミングで手軽に発信できる反面，相手の表情や声等がわからず誤解を招き，トラブルになることが多い。短い言葉や受け取りの誤解による炎上等のコミュニケーショントラブルや，偏見・誹謗中傷の人権侵害やいじめの場にもなる。承認欲求やウケ狙い，うさ晴らし等の軽い気持ちでの投稿や，脅迫めいた投稿は悪意がなくても不適切である。著作権を侵害する投稿や二次利用，ダウンロードも違法である。

　また，ウイルス感染等で，迷惑メッセージや知らない人や店等からメール等が大量に送られてきたり，善意を装うチェーンメールが送られてきたりするトラブルもある。SNSに，悪ふざけやいじめの様子，わいせつ等の画像や動画をウケねらいで不適切投稿する事案が社会問題となり，逮捕や高額賠償請求されている。いずれも，侮辱罪や偽計業務妨害罪・暴行罪・名誉毀損罪等の犯罪である。

（3）個人情報流出や乗っ取り・なりすまし等に関するネットトラブル

　SNSには，仲間同士という閉鎖性があるが，一方でネットの公開性がある。一度，発信した情報は，世界中に半永久的に残る。小学生では，求められるままに個人情報を流出させたり，ゲーム中のボイスチャットで，住所や学校名等の個人情報等が特定されたりする事例がある。中学生以降では，SNSという閉鎖空間で仲間同士だけで通信しているつもりで，顔や住所等の個人情報が流出・拡散する事例がある。トラブル後，流失した画像や情報等をネタに脅迫される事案も多い。

　また，被害者がひきこもりや不登校になることも多い。情報の取得では，ネット上の情報を無断コピーする不正使用や著作権侵害，肖像権侵害が増加している。他人や学校等のIDやパスワードを不正に取得し，芸能人等のSNSや学校等にログインしたり，乗っ取ったり，ゲームのアイテム等や成績等の情報を不正入手したり，書き換えたりするトラブルが急増している。近年，炎上や不適切投稿者がすぐに特定され，個人情報が流出することも多い。

引用文献
〈1〉　内閣府　2023　令和4年度 青少年のインターネット利用環境実態調査結果
〈2〉　警視庁　2023　令和4年版 警察白書
〈3〉　総務省　2023　インターネットトラブル事例集（2023年版）

2．性に関わるネットトラブル

- スマホやネット利用が広まり，SNS等を介して面識のない大人による強制わいせつ・強制性交等の性被害が多発・低年齢化し，男子も被害に遭っている。⁽¹⁾
- 児童ポルノ被害の約４割が，児童が自らを撮影した画像に伴う被害である。SNS等を介して投稿した画像等をネタに脅迫される被害も多い。法整備が進み，性的な姿態の画像等の消去・廃棄やネット上の画像を削除できるようになった。
- 児童虐待の１つである性的虐待を受ける児童生徒が増加・低年齢化している。

（1）性被害

　児童生徒のスマホやネット利用の広がりに伴い，ネットの匿名性から性別・氏名・年齢の真偽もわからない人と，児童生徒はSNSを介して知り合い，性被害に遭う事案が著しく増加し，社会問題となっている。略取誘拐や強制性交・強制わいせつ等の性被害に遭う被害児童数は155名（2022年）で，性犯罪に発展する略取誘拐が年々増加している。⁽¹⁾小学生では，スマホゲームで知り合った同性・同学年の友達に会いに行き，面識のない大人に誘拐・監禁され，性被害に遭っている。中学生では，SNSに「家出したい」等と書き込むことにより，困りごとを助ける親切なふりをする面識のない大人に誘拐・監禁され，性被害に遭っている。「JK（女子高校生）ビジネス」や「パパ活」等で援助交際の問題行動から性被害に遭う事例も多く，殺人に発展する被害も増加している。これらの性被害はスマホの普及に伴い，低年齢化し，男子児童の被害も増加している。

（2）児童ポルノ被害

　児童ポルノとは，18歳未満の児童を被写体とした性的な行為や性的姿態等を撮影した画像や動画，文章等のポルノグラフィのことである。児童ポルノ被害の約４割が，児童が自らを撮影した画像に伴う被害である。⁽²⁾SNS等で知り合った大人が児童にわいせつな目的を隠し，同年代・同性・カッコ良さ・親切等を装い，児童に接近・懐柔して，自画撮りの裸の画像を「友達の証」「２人だけの秘密」等と送信させる。被害は女子だけでなく男子も多く，低年齢化している。

　生徒は，交際が終わった相手に「リベンジポルノ」として裸の画像等を拡散さ

れる被害も多い。また，JKビジネスの高額バイトで，内容を把握せず契約書を交わし被害に遭う事例も多い。小学生では，SNSのDMを介しての友達に，顔や裸が映った画像や動画等を求められるままに送る被害に遭っている。また，その動画等をネタに脅迫される被害も多く，相談や報告ができずに悩む児童も多い。

　リベンジポルノ等の嫌がらせによる性的な画像情報の流出やいじめをねらいとした悪意の拡散もある。教師は，背景にいじめや力関係（スクールカースト）がないかの視点を持ち，児童生徒や学級内を観察・把握することが必要である。

　2023年に，公立中学校校長が元教え子のわいせつな画像を所持し，児童ポルノ禁止法違反で逮捕される事件が起きた。教育関係者による児童ポルノや児童への性暴力が急増しているため，2021年に「教育職員等による児童生徒性暴力等の防止等に関する法律」が制定された。2023年の性犯罪関係の刑法改正では，16歳未満の児童に対するわいせつ目的での面会要求や不同意の性交やわいせつ行為，そして性交等の性的な姿態を撮らせた上で，その映像を送信させる行為・盗撮や記録・保管等が処罰の対象となった。一度，投稿された画像等はネットの拡散性から完全に消すことができなかったが，プロバイダや電子掲示板の管理者に削除依頼することができるようになり，押収物に記録された性的な姿態の画像等の消去・廃棄の法律が新設されたので，2024年からはリベンジポルノや児童ポルノ等の画像等の消去または押収物の廃棄が行われることになった。

（3）性的虐待

　性的虐待は，4種類の児童虐待（第12章参照）の1つで，「児童にわいせつな行為をすること又は，児童をしてわいせつな行為をさせること」と定義され，子どもへの性的行為，性的行為を見せる，性器を触るまたは触らせる，ポルノグラフィの被写体にする等のことである。性被害・ポルノグラフィ被害と同様，性的虐待を受ける児童生徒は2,451人（2022年）と増加・低年齢化している。[3]

引用文献
〈1〉　警視庁　2023　令和4年における少年非行及び子供の性被害の状況
〈2〉　政府広報オンライン　2019　SNS利用による性被害等から子供を守るには
〈3〉　こども家庭庁　2023　令和4年度児童虐待相談対応件数

参考文献
・総務省　2023　インターネットトラブル事例集（2023年版）
・警視庁　2023　なくそう，子供の性被害。

3．ネットいじめに関するトラブル

- ネットいじめは,2021年度21,900件と過去最高を記録し，増加傾向にある。[1] 2013年に「いじめ防止対策推進法」が施行され，ネットいじめがいじめに認定された。SNS等で，無視・仲間外し等のネットいじめがある。
- SNS上で，悪口や誹謗中傷等を書き込み，拡散させるネットいじめが多い。
- なりすましやさらし，ポルノグラフィ等の「さらし・拡散型いじめ」もある。

(1) SNS等での「無視・仲間外れ型いじめ」

　スマホが児童生徒に浸透する中，ネットいじめは2021年度21,900件と過去最高を記録し，引き続き増加傾向にある。[1] 2013年に，「いじめ防止対策推進法」が施行された（第6章参照）。この法で，ネットを通じて行われるものも「いじめ」と定義された。スマホ等のコミュニケーションツールで人とコミュニケートすることが多くなり，実際の会話の量的な不足や自分の思いをうまく伝えられないコミュニケーションの質的な弱まり，そして文字だけのコミュニケーションの速さや難しさから誤解が生じ，いじめにつながっている。また，「友達限定」という閉鎖性から不用意に軽い気持ちでの悪口等の発言によってネットいじめに遭う事例も多い。その方法の1つは，グループの中でSNS等やメールを無視する「既読無視」や「ブロック」，外す人には内緒で新しい交流グループを作る「外し」や「裏アカウント」等の仲間外れや無視，そして悪口を書くといういじめである。中学生以上では，結束して匿名で，グループ内の誰かを集団で絶え間なくいじめることが多い。SNSという狭い閉鎖的なコミュニティでの絶え間ないいじめのため，児童生徒には精神的ダメージと不安が大きく，不登校に陥ることが多い。

(2) SNS等での悪口や誹謗中傷等の「書き込み・拡散型いじめ」

　ネットを介してのいじめは，2010年頃までは「学校裏サイト」等の掲示板で，集団で悪口を書く誹謗中傷のいじめが多かったが，今はSNS上で行われている。誹謗中傷としては，「うざい」「死ね」「学校をやめろ」「消えろ」等が多い。集団で，個人の誹謗中傷の書き込みをし，心配している友人を装い，本人に見せていじめる事例もある。2020年には，学校から配布のGIGA端末のチャット機能で，同級生から悪口を書き続けられた小学生が自殺した悲惨な事件が起きている。

第10章

　また，個人がSNS等に軽い気持ちで投稿した内容に，批判的な書き込みを続ける炎上や誹謗中傷を他に拡散することもネットいじめである。これらは，重大な「人権侵害」で，名誉毀損罪，侮辱罪，脅迫罪等に該当する可能性がある。

（3）なりすましやいじめ動画等の「さらし・拡散型いじめ」

　SNSの多くは，自分のアカウントを作成できる年齢が13歳以上となっている。他人になりすましたSNSアカウントを作り，本人のふりをして好き勝手に投稿する。事実でない内容が投稿されることにより，誹謗中傷を受けたり，炎上したり，誤解されて孤立したりしてしまういじめが増えている。「なりすまし」によって，性的な内容の書き込みをされたり，加工により裸の写真に顔だけを変えた偽物のポルノグラフィ画像や恥ずかしい画像を投稿・拡散されたりするいじめもある。また，いじめの様子を撮影した動画や，他人の画像をいたずらで加工した画像，そして隠し撮り動画等を勝手に拡散させるいじめ投稿も多い。

　「さらす」と呼ばれる個人情報や画像等の悪意ある情報公開がネットやSNS上で行われ，人権侵害にもつながっている。最近では，いじめ加害者の個人情報をさらす「私刑」的なさらしも多い。さらす行為やいじめ投稿等は，名誉毀損罪，侮辱罪，脅迫罪等に該当する可能性がある。脅迫行為によって他者に無理やり何かをさせる行為は「強要罪」に当たる。これらは，2013年に施行された「いじめ防止対策推進法」によって「ネットいじめ」もいじめと定義されたことによる。

　ネットいじめの背景に，「スクールカースト」や「ランキング」等の児童生徒間の力関係が影響していることもある。「スクールカースト」は，教室内での暗黙のうちに存在する階層制（順序）を指す言葉である。階層はコミュニケーション力で決まるので，コミュニケーション力や人気の高い児童生徒が上位になる。階層（キャラクター）が固定すると，悪気ない「ノリ」や「いじられキャラ」等の「いじり」で，「いじめ」がエスカレートしていく傾向がある。キャラクターが決まると，自分の気持ちと違っても周囲が求めるキャラを演じてしまうことが多い。

引用文献
〈1〉　文部科学省　2022　いじめの状況及び文部科学省の取組について

参考文献
・総務省　2022　インターネットトラブル事例集（2022年版）
・文部科学省　2022　「ネット上のいじめ」に関する対応マニュアル・事例集（学校・教員向け）

4．ネット依存傾向・ゲーム障害に関するトラブル

- SNSやゲーム等のネット使用が過剰で，日常生活に支障をきたす「ネット依存」が児童生徒に急増している。WHOが「ゲーム障害」の病名で依存症に認定した。
- 「ネットいじめ」は自分に関する書き込みに不安感を持つので，「ネット依存」に陥りやすい。児童生徒の生活や様子の変化を見逃さないことが大切である。
- 「ネット依存」は，成績低下，昼夜逆転生活や引きこもり，そして遅刻，欠席，不登校，高額課金，対人関係悪化，暴力・暴言等の問題行動と関連しやすい。

（1）ネット依存・ゲーム障害とは

　「ネット依存」は，「インターネット依存」の略であり，明確な定義は未だないが，SNSやゲーム等のネット使用が過剰で，ネット使用者のコントロールが不能な状態・依存行動のある状態（使用時間が増大し，止めたくても止められず，そのために問題が起きている）を言う。2018年に，ネット依存が疑われる中高生が5年間でほぼ倍増し，全国で推計93万人にのぼることが厚生労働省研究班の調査で明らかになった。コロナ禍の生活の変化で，ネット依存はさらに増加していると推測できる。近年では，「ネット依存」の約90％が「ゲーム依存」で，ゲーム依存の70％が未成年者ということが明らかになっている[1]。

　ネット上のサービスのうち，依存としての特徴（ネットやゲームに没頭して生活や健康に支障をきたす状態）を持っているのがゲームのみであったため，「ゲーム依存」が「ゲーム障害」の病名で2019年5月にWHO総会で承認され，2022年に依存症としての分類が発効された。「ゲーム障害」では，脳が「本能」「感情」に支配され，依存状態から抜け出しにくい。未成年者は脳の成育が不十分なため，「ゲーム障害」が起きやすく，将来にわたって影響が長く続く可能性がある[2]。

　現在の児童生徒は，スマホやゲーム機，GIGA端末を通じてネットにアクセスし，コミュニケーションを嗜好し，SNSや無料動画サイト等を多用して「ゲーム障害」を含む「ネット依存」に陥りやすい傾向にある。

（2）「ネットいじめ」との関連

　「ネットいじめ」の被害に遭っている間，ネット上での投稿や内容を自分に対

してのことではないかと気になって見てしまうことが多い。不安から，食事中や就寝・起床時刻にも関わらず，スマホ等の端末を手放せなかったりする。このように，「ネットいじめ」と「ネット依存」は，その不安感に大きく関連している。また，いじめにより現実生活での居場所を失ったことで，ネットにのめり込むきっかけとなることも多い。「ネット依存」に陥った児童生徒は，「ネットいじめ」の被害者にも加害者にもなりやすいことがわかっている。児童生徒の生活や様子の変化を見逃さず，現実の生活を豊かにすることが大切である。

（3）「ネット依存」から起こる問題行動について

　「ネット依存」に陥っている児童生徒は，スマホ等の端末をそばに置いていなかったり，ネットにアクセスできなかったりすると不安になる。また，勉強や趣味・運動の時間や家族や友人等と過ごす時間を削って，スマホをずっと見ていたり，ゲームに興じたりしている。そのため，「朝起きられない」「昼夜逆転」「成績低下」「欠席」「不登校」「物に当たる・壊す」「友達とのトラブル」等の問題行動が起こる。「成績低下」は中学のうちから高かった。「友達とのトラブル」は，女子に多く，特に中学生の女子で多かった。コロナ禍ということもあるが，部屋でずっとネットやゲームをしているので，健全な日常生活が送りにくくなり，学校を欠席しがちになり，「不登校」や「ひきこもり」になる児童生徒が増加した。身体面でも，「運動不足」「睡眠不足」「視力低下」「集中力低下」になったりする。治療が必要なネット依存では，時間のコントロールができないことに加え，ネットへのアクセスを禁止するとパニックになる，何とかして手に入れようとする「探索行動」が見られることが明らかになっている。このようなことから，ネット依存は生徒指導とは関係ないようにも思えるが，昼夜逆転生活や引きこもり，遅刻，欠席，居眠り，成績低下，不登校，留年，退学，ネットいじめ，高額課金のための浪費や窃盗，嘘をついたりごまかしたりすることによる対人関係悪化，物に当たる・壊す，家族への暴力・暴言等の問題行動と関連しやすい。[2]

引用文献
〈1〉　樋口進　2020　ゲーム障害について（厚労省ゲーム依存症対策関係者会議資料）
〈2〉　樋口進　2022　やめられない怖い依存症！ゲーム障害はひきこもりの原因にも　治療法について（NHK特集）

参考文献
・総務省　2014　高校生のスマートフォン・アプリ利用とネット依存傾向に関する調査報告書

5．小学校までの具体的な理解や対応

重要ポイントの整理

- 児童には，「情報モラル」を含む「情報活用能力」やメディアと適切につきあい，自分で適切に判断して行動できる「メディア・リテラシー」の育成が重要。
- 「ネットいじめ」は犯罪となるため，決められたルールを守る「規範意識」や，自分（命も含む）も他人も大切にする等の「人権意識」の育成も大切である。
- 家庭での普段から何でも話せる信頼関係や，コミュニケーション，困った時に相談できる関係性の構築が何よりも重要で，そのためにも「保護者啓発」が必要。

（1）「情報活用能力」「メディア・リテラシー」の育成指導

　新学習指導要領では，情報モラルを含む「情報活用能力」を言語能力と同時に「学習の基礎となる資質能力」と位置付け，各校種で育成されるようになった。[1]「情報モラル」は，2008年の学習指導要領以降，「情報社会で適正な活動を行うための基になる考え方と態度」と定義し，各教科で指導されてきた。[2]

　「情報モラル」の指導では，メディアの影の部分を紹介することが多い。モラルだけでなく，児童生徒には，メディアと適切につきあい，自分で適切に判断して行動できる「メディア・リテラシー」の育成が大切である。「メディア・リテラシー」とは，「メディアの意味と特性を理解した上で，受け手として情報を読み解き，送り手として情報を表現・発信すると共に，メディアのあり方を考え，行動していく能力」のことである。[3]京都教育大学附属桃山小学校では，「メディア」を教える新教科「メディア・コミュニケーション科（MC）」を開発し，小学校1年生から系統的にメディアの特性等を学ばせると共に，「メディア・リテラシー」の育成を行っている。近年，児童には，能力育成指導の他に，スマホの正しい使い方やネットの不正使用は犯罪であることを理解する携帯電話事業者による「スマホ・ケータイ安全（人権）教室」や，警察の「非行防止教室」，文科省のネットモラルキャラバン等の学習の機会も提供されている。[4]

（2）規範意識・人権意識の育成

　児童生徒には，「規範意識」や「人権意識」を育成することも大切である。小

学校１年生から学校のきまりや授業のルール，交通法規等の社会のルール等，「決められた約束を守る」という規範意識を育成することが，生徒指導では大切になる。「ネットいじめは犯罪」や「ネットでも嘘や悪口はダメ」「自分（命も含む）も他人も大切にする」「絶対ネット上で知り合った人に会わない」「自画撮り画像を送らない」「個人情報は伝えない」等の指導を徹底することが大切である。

　「ネットトラブル」は，通常のコミュニケーションとは大きく性質が異なっていることや，ネットやSNS等の特性理解の不足により，児童生徒が巻き込まれている。相手の立場に立ち，思いやりのある行動は，ネット上でも必要であることを明確にし，日常的な行動としての「人権意識」を育む指導を日々の学校生活の中で行い，身につけさせることが必要である。特に，ネット上でのいじめでは，被害者は24時間，常に攻撃される不安があり，逃げ場のないいじめ地獄が続く。いじめによる自殺も後を絶たないため，命の大切さやネットトラブルの際に大人に相談することや相談の場の紹介も大切である。加害者や傍観者も，いつ被害者になるか不安を抱き，健康を害することもあるため，「人権意識」を育むことが必要である。「ネットいじめ」等の書き込みや投稿は，名誉毀損罪，侮辱罪，脅迫罪等の犯罪となるため，「規範意識」の育成も小学校１年生から必要である。

（3）保護者啓発の必要性

　近年では，児童生徒のネットトラブルの多さから，18歳未満のスマホ契約時に店頭等でフィルタリングの設定が義務化された。また，自画撮り防止等の制限機能や見守り機能を搭載した子ども向けスマホが開発された。児童生徒は，リテラシーの低さからネットトラブルに陥る事案が少なくない。何よりも家庭でのコミュニケーションや的確な見守り等が大切になるので，保護者啓発が必要になる。

　総務省や法務省・警察庁等の支援による「青少年のネット安心安全利用講座」や「スマホ・SNS安全教室」等の保護者啓発講座を受講し，保護者が最新の情報や対処法を知り，子どもの変化を見逃さないようにする。家庭での信頼関係やコミュニケーションが重要で，普段から何でも話せる関係や，困った時に相談できる信頼関係の構築が何よりも重要である。

引用・参考文献
〈1〉　文部科学省　2020　学習指導要領
〈2〉　文部科学省　2008　学習指導要領
〈3〉　中橋雄　2014　メディア・リテラシー論　北樹出版
〈4〉　文部科学省　2022　「青少年を取り巻く有害環境対策の推進」委託事業事例集

6．中学校以降の具体的な理解や対応

- ネットトラブル防止に向けて法整備がなされてきた。小学生同様の「メディア・リテラシー」等の育成指導や「自殺防止」「悩まず相談」するように指導する。
- ネットトラブルの生徒指導対応では，迅速な初期対応を行うと共に，「チーム学校」として組織的に，丁寧に，関係機関と連携しながら指導に当たる。
- 教員は，総務省や警察庁等の最新のネットトラブルの情報や指導法，的確な相談窓口の紹介ができる等の生徒指導対応力や対処法を積極的に学ぶことが必要。

（1）ネットトラブル防止についての取組・指導について

　度重なるいじめに法整備がなされ，2013年に，「いじめ防止対策推進法」が施行された（第6章参照）。この法で，インターネットを通じて行われるものも「いじめ」と定義された。これにより，いじめは犯罪であり，加害者は逮捕され，裁かれるようになった。地方公共団体では「いじめ防止条例」が制定されている。この他に，SNS等によるネットトラブルの増加・低年齢化に伴い，「青少年インターネット環境整備法」や「出会い系サイト規制法」「プロバイダ責任制限法」「児童買春・児童ポルノ禁止法」等が改正された。その結果，発信者の開示請求や性的な姿態画像等の没収・消去・破棄等ができるようになった。

　学校では，中学・高校生にも小学生同様に，「メディア・リテラシー」や「規範意識」「人権意識」等の育成指導は重要である。特に，ネットいじめは，集団，匿名で，絶え間なく，半永久的に続くため，ネットいじめが原因の自殺も後を絶たない。「命の大切さ」や「自殺防止」「悩まず相談」することの指導も重要である。

　また，総務省の「インターネットトラブル事例集」や「委託事業事例集」，警察庁の子供の性被害「対策のための啓発資料」等を利活用した指導を行い，ネットトラブルで困った時には1人で悩まず相談することが重要であることを徹底する。

（2）ネットトラブルの生徒指導対応

　児童生徒には，ネットトラブルでは「社会で許されない行為は，学校においても許されない」という毅然とした姿勢で，警察に相談し，指導を徹底する。

　ネットトラブルでは，何よりもスピーディな初期対応と「チーム学校」としての組織的な心のケアを含めた対応が重要となる。教員だけでなく，スクールカウンセラー（SC）やスクールソーシャルワーカー（SSW），さらに警察や児童相談所との連携が必要であり，組織的な対応が重要である。また，今まで以上に管理職や生徒指導主任・補導主任への報告・連絡・相談を徹底することが必要である。報道機関への対応が予想される場合は，速やかに教育委員会の広報担当にも連絡すると共に，報道関係者に対しては窓口を管理職に一本化することが重要である。

　事実確認は，原則，児童生徒と同性の教職員が，複数で丁寧に行う。SNS等での個別相談は避ける。家庭訪問は複数の教職員で行う。聞き取った内容は，そのすべてを時系列にまとめ，管理職や生徒指導主任に報告する。秘密保持を徹底するが，「重大な問題なので保護者に内緒にできない」「学校が全力であなたを守る」ことを生徒に伝える。また，被害者の生徒には，SCやSSW等と連携を図り，心のケアを行うようにする。通信した内容（画像も含む）は，直接教師が確認し，撮影・印刷する等して保存する。不適切な画像やメール等でのやりとりの履歴は，警察等で重要な証拠となりうる可能性があるため，決して教師の勝手な判断で消去しない。

（3）ネットトラブルへの対応で教員に求められる力

　ネットトラブルでは，早期発見・早期対応が必要となる。日頃から，学級内に，いじめやいじめの兆候等がないか，学級内外の人間関係を把握し，成績の急激な低下や居眠り等の生徒の変化や問題行動，そして心のささいな兆候等を見逃さない観察力や子ども同士が共に高まり合える学級経営力が必要である。

　子どもをトラブルから守るためには，家庭での信頼関係やコミュニケーション，関係性の構築が重要であるが，このことは，教員も同様である。信頼関係構築のために，児童生徒の興味や現状等に関心を持ち，家庭訪問やノート（日記）指導等を行い，話しやすい雰囲気を作るようにする。さらに，「ほめ上手」「叱り上手」な教員が求められている。的確に「ほめる」ことも大切である。

　他に，総務省や警察庁等の最新のネットトラブルの情報や指導法，そして的確な相談窓口の紹介ができる等の生徒指導対応力や対処法を積極的に学び，各機関との連携や保護者啓発等を行うことが現代の教員には求められている。

引用文献

〈1〉　総務省　2023　インターネットトラブル事例集（2023年版）

非行・暴力行為

1. 積極的な生徒指導

- 生徒指導上の問題への対処の基本は積極的な生徒指導である。
- 積極的な生徒指導の中核は，よい学級を作りよい授業をすることである。

(1) 普通の努力で可能な生徒指導

　ここでは非行・暴力行為として，校則違反，服装違反，授業妨害，器物破損，生徒間の暴力，対教師暴力，深夜徘徊，触法，犯罪などを想定する。このような行為にどう対処するかに悩まされている教師は多いであろう。あるいは，教職を志している学生たちにも，非行や暴力行為にどう対処してよいのか不安がある人は多いであろう。教員志望の学生は，非行や暴力とはあまり縁のない生活を送ってきた人たちであろうから，このような不安を持っても当然である。

　しかし，そう不安がることはない。対処する方法はあるということをまずは知ってもらいたい。しかも，それは，普通の教師が普通に努力すれば可能となる対処方法なのである。さらには，この方法は，さまざまな生徒指導的な問題の対処法ともなる万能薬でといってもよい。それは何か？　それが，積極的な生徒指導という考え方である。

(2) 積極的な生徒指導

　小学校学習指導要領解説総則編（平成29年）にも中学校学習指導要領解説総則編にも，生徒指導の充実について，「生徒指導とは（略）単なる生徒の問題行動への対応という消極的な面だけにとどまるものではない」とある。[1][2]では，問題行動への対応（それを消極的としている）以外に，何をすればいいのだろうか。それが，「好ましい人間関係を基礎に豊かな集団生活が営まれる学級や学校の教育的環境を形成すること」「日頃の学習指導を一層充実させることが大切である」とある。また，生徒指導提要改訂版（令和4年）にも「学級，ホームルームは（略）生徒指導の実践集団である」「自己の存在感の感受を促進する授業づくり」とある。[3]

　つまり，よい学級を作ってよい授業をすることが，生徒指導では大切だと言っているのである。一体全体，文部科学省は何を言っているのだろうか。なぜ，学級作りや授業作りが，生徒指導となるのか。よい学級を作ったりよい授業をすることで，今，授業妨害をしたり暴力をふるったりしている非行少年を止めることなどできるのだろうか。その疑問はごもっともである。その疑問への答えが以下のとおりである。

（3）なぜ，授業作りと学級作りが生徒指導と関係するのか

　つまり，問題が起こったときに対処する消極的な生徒指導ではなく，生徒指導的な問題があまり起こらないようにする，あるいは問題が起こった場合でも損害を最小に食い止めるという考え方が積極的な生徒指導なのである。そして，学習指導要領総則編や生徒指導提要には，そのためによい学級を作ることとよい授業をすることが大切だと書かれているのである。

　児童生徒は，学校では圧倒的に多くの時間を授業を受けて過ごしている。また，圧倒的に多くの時間を学級で過ごしている。圧倒的に多くの時間を使っている学級と授業を充実させれば，生徒指導的な問題が起こりにくくなるはずである。また，問題が起こったときでも，よいクラスを作ってよい授業をやっていれば，損害を最小にすることができるという考え方でもある。なぜならば，生徒指導的な問題が起こったときに，問題を起こした児童生徒はどんな先生の言葉に従うかということなのである。

　普段の授業が面白く楽しい学級作りをしているA先生と，普段の授業はつまらなくて担任している学級もつまらないB先生では，どちらの先生の言葉に児童・生徒は従うだろうかと考えたときに，A先生であることは自明であろう。つまり，問題が起こったときこそ教師は普段の教育活動の質が問われるのである。よい授業をすることとよい学級を作ることは，すべての教師が普通に取り組むべきことである。これは，特殊な能力がある教師だけが達成すればいいことではないはずである。「教師は授業で勝負する」と言われるゆえんでもある。

引用文献
〈1〉　文部科学省　2017　小学校学習指導要領解説 総則編
〈2〉　文部科学省　2017　中学校学習指導要領解説 総則編
〈3〉　文部科学省　2022　生徒指導提要改訂版

2．中間的集団の育成

重要ポイントの整理

- 問題行動が起こったときには，教師の個人の能力で対応しない。
- 非行・暴力に対抗できるシステムを作っておく。
- 普段の教育を充実させて中間的集団を育成しておく。

（1）連携体制を作る

　以下のような学校があるとする。

　「一部の生徒の服装違反がひどい。服装違反は厳しく注意し家庭にも連絡をするが，その時だけ少し直す程度である。授業を抜け出した生徒たちが騒ぎ立てて授業妨害をすることもある。そのような生徒を注意したら，興奮した生徒から殴られた教師もいる。また，学校の近くの公園で深夜まで騒いで付近の住人から学校への苦情もたびたびある」

　これらの生徒を，強面の教師が厳しく力で指導すれば少しはおさまるかもしれない。しかし，そのような指導ができる教師は，現実には一部であろうし，そのような能力がある教師に任せっきりにしていれば，やがて強面教師たちも疲弊するだろう。また，そのような教師が転勤することもある。

　つまり，一部の力のある教師で非行・暴力の生徒に力で対抗することは，一時的にはうまくいくこともあるが，教師の疲労や転勤などで長くは続かないのである。そこで必要なことが，力を行使する非行少年に対して，一部の特別な能力のある教師の個人技に頼ることではなく，教師集団で非行少年に対抗できるシステムを作るという発想である。システムとは，つまり連携体制を作るということである。連携は，①生徒と教師の連携②教師と教師の連携③教師と家庭との連携④学校と地域の連携の４つを考えておくべきである。②③④については，次の節で述べる。

（2）中間的集団の育成

　①の生徒と教師の連携の基盤には，生徒と教師の信頼関係が欠かせない。学校全体でみれば，先述したような非行や暴力の生徒は一部である。ほとんどの生徒は，特別いいわけでもなく，特別悪いわけでもない。いわば，普通の生徒である。荒れた学校においても，90％以上は普通の生徒といってよいであろう。これが中

間的集団と呼ばれる生徒たちである。90％にあたる中間的集団から教師が信頼を得ていれば，荒れた生徒たちを指導する際にも，心強いであろう。その信頼関係を日常の教育活動によって作っておくことが，積極的な生徒指導の考え方である。

そして，積極的な生徒指導とは，よい学級作りとよい授業作りである。教師はよい学級を作りよい授業をやることで，中間的集団から信頼され，支持されるのである。中間的集団からの支持を背景に，非行暴力行為を行う生徒に指導を行うべきである。その際には教師が個人技によって指導するのではなく，教師間で連携して指導をするべきである。時には，懲戒も必要である（学校教育法11条）。しかし，体罰は絶対にするべきではない。体罰については，4節で述べる。

（3）懲戒について

懲戒は不必要であるという意見もまれに聞く。確かに，懲戒によって非行・暴力の生徒が反省するということはあまりなさそうである。しかし，90％の生徒が真面目に授業を受けているときに，騒ぎ立てて授業妨害をしている生徒に対して不快な思いをしながら，黙っている生徒は多くいるはずである。非行生徒の好き勝手な行為に嫌な思いをしているが，何も言えない生徒は多くいるはずである。暴力的な生徒に対して，黙っているしかない生徒は多くいるはずである。教師は，そのような生徒たちの思いを背負っているのである。

非行暴力の生徒に対して毅然と対応して，叱ってくれることを教師に期待している何も言えない生徒は多くいるはずである。そこで教師が叱責や懲戒を加えなければ，多くの生徒の支持を失うのである。そうなれば，中間的集団も育たない。

つまり，中間的集団から信頼を得るためにも，教師が懲戒権を行使する必要はある。ただし，非行暴力行為が起こったときに，どのようなシステムで教師集団が動き，どのようなシステムで懲戒するかを教師集団全体で考えておく必要がある。強面の教師が個人技で対応するということは避けるべきである。

参考文献
・吉田順　2013　荒れには必ずルールがある―間違った生徒指導が荒れる学校をつくる　学事出版

3．連携システムの考え方

- 教師間の連携システムを作る。
- 学校と家庭の連携は両者が同じ方向を向くことから始まる。
- 地域の力を活用した地域連携も有効である。

（1）教師と教師の連携

　非行・暴力行為の生徒に対しては，強面教師の個人技で立ち向かうべきではない。そのようなことができる教師は一部である。その一部の教師の力には限界がある。さまざまな能力の教師が適材適所で働ける校内システムを作り，システムで立ち向かうべきである。

　たとえば非行の生徒が校内で暴れているとする。すぐに複数の教師で駆けつけるべきである。暴力の被害を受けた生徒がいれば，その生徒の保護やケアをする教師も必要である。あるいは，暴力をふるった生徒を落ち着かせたりケアをしたりする教師も必要である。授業をしている教師にこれらの役割を任せることは避けるべきである。授業を大切にしている姿勢を生徒たちに示すべきだからである。このような対応は，その場でとっさにできるものではない。起こる前に，システムを作っておき，訓練もしておくべきであろう。

　また，学校全体で意思の統一をして，毅然とした対応をするという教師同士の合意も必要である。毅然とした対応をすればトラブルにはなる。それを恐れる教師もいるかもしれない。トラブルばかりを起こしていると，教師としての指導力を疑われると感じる教師もいるかもしれない。しかし，それは教師の個人的な指導力の問題ではない。全体で意思を統一して毅然とした対応をするというシステムを採用すれば，当然，トラブルは起こる。それは，そのようなシステムを採用した結果の必然であり，教師の個人的な能力の問題に帰するべきではないという認識を学校全体で持つことも必要である。トラブルを恐れて毅然とした対応が取れないと，中間的集団からの信頼が得られなくなる。トラブルよりも，そちらを恐れるべきである。

（2）家庭との連携

　家庭との連携においては，家庭と学校が同じ方向を向いて問題に取り組むこと

第
11
章

である。学校側は，家庭でしっかりとしつけをしてくれないと困ると感じるかも
しれない。一方，家庭側も学校の指導方針に不信感を持つかもしれない。両者の
言い分には，それぞれ一理はあるのだろう。しかし，相互不信によって事態が好
転することはあり得ない。事態を好転させるためには，両者が問題を好転させる
ためのパートナーであると感じるところから始まるのではないだろうか。そのた
めには，まずは，お互いの言い分を共感的理解することである。

（3）地域との連携

　地域から生徒のことで苦情が来ることもある。学校からすれば，学校外のこと
までは責任を持てないと感じるかもしれない。その通りではあるが，地域の力を
利用するという視点で地域連携を考えてみるべきである。そのためには，普段か
ら地域とのかかわりを持ち，地域の人も子どもの教育に積極的にかかわりたいと
いう意識を持ってもらうことが必要となる。地域の人が防災訓練や読み聞かせや
登下校の見守り隊などで，学校の子どもたちにかかわってくれる事例は多い。こ
のような普段からの学校と地域の積極的な交流により，地域の力を活用できる関
係を作っておくのである。その関係を基盤に，「おやじの会の夜間パトロール」
などで非行防止に取り組み，奏功している事例もたくさんある。

　地域連携など，面倒な仕事が増えるだけと感じている学校関係者もいるだろう。
しかし，連携にも良い連携と悪い連携がある。地域と学校の両者にメリットがあ
り，地域連携によって学校のトータルの仕事量は減ったという連携事例も多くあ
る。そのような連携が良い連携なのである。地域の人にも子どもの教育にかかわ
る当事者という意識を持ってもらえるようにすることが，良い連携になるポイン
トであろう。

　また，学校と他機関との連携も考えておくべきである。特に，非行・暴力行為
に関しては，警察との連携は欠かせない。それについては，次節で述べる。

参考文献
・吉田順　2013　荒れには必ずルールがある―間違った生徒指導が荒れる学校をつくる　学事
　出版

4. 学校と警察の連携

- 警察との連携の必要性について。
- 外部連携では，連携先に丸投げせず常に教師が当該児童生徒と関わること。
- 暴力禁止のルールを教師間で合意し，生徒に向かって宣言する。

（1）警察との連携は必要か

非行や暴力行為でも安易に警察を頼るべきではなく，教師たちでの努力で解決してこそ教育者であるなどと考えている人もいるかもしれない。しかし，非行や暴力行為は法律違反の場合も多い。法律違反をする生徒は，歯止めを次々と乗り越えてきた生徒ともいえる。多くの生徒は，法律違反はしないはずである。なぜ，普通の生徒たちは法を犯すようなことをしなかったのだろうか。

それを説明する理論の1つに「社会的絆理論」というものがある。簡単に説明すると，人が犯罪を犯さないのは「愛着，投資，巻き込み，信念」というつなぎとめる絆があるからだという理論である。少年の場合は，投資や巻き込みや信念の要素は大人よりも弱いので，相対的に愛着の要素が大きくなるであろう。つまり，多くの子どもが法を犯さないのは，そのようなことをすれば「友達との関係」「親との関係」「先生との関係」の悪化を恐れるからである。

しかし，このように考えてとどまるためには，友達との愛着の絆，親との愛着の絆，教師との愛着の絆がしっかりと形成されているという前提が必要である。それぞれの局面や場所で，友人たちが，親が，学校が，この少年と絆を形成し引き留める努力をしてきたはずである。それにもかかわらず，それらの絆が歯止めとして機能しなかった結果が非行・暴力である。ならば，最終的に歯止めをかけるものは法律ということになる。警察との連携は絶対に必要なのである。また，「いじめ」の中には，法律違反といえる暴力行為も含まれている。このような場合も，警察に被害届を出すべきである。

（2）連携における学校のスタンス

法に触れるような非行や暴力行為は学校だけでは対応できないので，他機関との連携が必要であるが，連携先に丸投げをするべきではない。学校は何をするべきなのだろうか。警察との話し合い，少年鑑別所に入所すれば，担任教師や生徒

指導主事や校長などが面接に行く，家庭裁判所の調査官と話し合いをする，審判に立ち会う，少年院送致になったら教師が面会に行くなど，常に教師が連携先と生徒にかかわり続けるべきである。学校には，少年を逮捕する機能も，鑑別する機能も，矯正教育をする機能もない。しかし，少年や連携先にかかわり続けることはできる。

（3）暴力禁止のルール

　校内のあらゆる暴力はすべて禁止するという方針を，教職員全体で合意し，学校が子どもたちに向かって強く宣言しておく必要がある。暴力があれば，警察に被害届を出すことも宣言しておく。その際に，特に重視したいことが体罰の禁止である。教育的効果の視点からの体罰の必要性の議論は，ここでは置いておく。しかし，教育効果の有無にかかわらず，体罰は絶対に認めないという学校の姿勢が大切である。体罰は法律違反である（学校教育法11条）。子どもが暴力を振るうなどの法律違反をしたときには警察に被害届を出すと宣言する以上は，教師が体罰という法律違反を犯したときもやはり警察に被害届を出すということにするべきである。子どもの暴力は禁止しておいて，教師の暴力は許されるのなら，暴力禁止のルールは説得力がなくなる。教師も決して子どもに体罰という暴力を振るわないと宣言するからこそ，子どもの暴力もなくすことができるのである。以下は瀬田川（2015）からの引用である。[1]

　「『教師を殴れば警察に被害届が出る』ということを生徒が知ることができたのが，とても重要だと感じた。確かに近隣の学校と比べると荒れている現状だと思うが，女性一人で校内の巡回をするのに怖いと思わなかった。」

　「『暴力禁止の壁』は大切だと思う（略）男性職員が恐怖と感じないことでも女性職員からすると恐怖と感じる（略）生徒が突っかかって来ても『手を出すことはない』と確証を持てたことは教師の安心につながる。」

引用文献
〈1〉　瀬田川聡　2015　ためらわない警察連携が生徒を守る―被害生徒を生まない毅然とした生徒指導　学事出版

5. 小学校までの具体的な理解や対応

- 生徒指導における個人対応と集団対応の違いについて。
- 小学校の基本は個人対応だがルール（集団対応）という意識も必要。

（1）小学校と中学校の役割の違い

　小学校と中学校における非行・暴力行為への対応を論じる前に，小学校と中学校の役割の違いを確認しておきたい。そのために，以下のような問題を考えてみたい。

　小学校時代のA君は，友達とのトラブルや非行や暴力的な行為，派手な服装や髪型などで，先生たちも手を焼いていた。しかし，事が起こるたびに，先生はA君と時間をかけて話し合い，家庭訪問も頻繁に行い，家庭との信頼関係も作った。警察に補導されたときには，担任と校長で警察にも行った。このように，校内連携，学校と家庭の連携，警察との連携によって，何とかA君を無事卒業させることができた。卒業式では，A君は学級の皆さん，先生方，両親に対して謝罪と感謝の言葉を涙ながらに述べた。晴れ晴れとした表情であった。先生方も晴れやかな表情でA君を祝福した。

　ところが，中学校に入学してほどなくA君は不登校になっているとの情報が小学校に届いた。聞けば，初日からA君は服装違反と髪型違反を厳しくとがめられ，それに反抗的な態度を示し，A君と生徒指導部の先生たちで感情的な対立が起こった。その後も，A君は服装も髪型も態度も改めず，生徒指導部からの指導も厳しくなっていき，それに伴って遅刻が多くなり，やがて学校に来なくなった。

　小学校の先生たちは，自分たちが丁寧に対応して何とか卒業までこぎつけたA君に対して，中学の先生たちはもう少しやり方があったのではないかと感じて，中学校の先生たちに不満をもった。一方，中学校の先生たちは，小学生のA君がトラブルを起こすたびに甘やかすような対応を，小学校の先生方がしてきたせいでルールを守れない子になってしまったと感じ，小学校の先生たちに不満を持った。

　なぜ，このような不満をそれぞれの学校の先生が持つのだろうか？　それが，小学校と中学校の役割の違いであり，その違いをもとに，小学校の先生と中学校の先生の意識が構成されているからではないだろうか。小学校の役割は，一人一

人の子どもが，自己を確立してゆくためにある。中学校の役割は，一人一人の子どもが社会の中で生きてゆけるようにするためにある。したがって小学校の先生たちは，どの子に対しても個人対応をする意識が強く，中学校の先生たちは，どの子に対しても集団の一員としての自覚を育てるという意識が強くなる。教育にはどちらの意識も必要である。

　また，発達段階の視点から，小学校は個人，中学校は集団という順番も間違ってはいない。ただ，それぞれの学校の先生方には，自分たちにも欠けがちな意識があることも考えておいてほしい。すなわち，小学校の先生方は，どの子も集団の中の個人であるという意識をもう少し持ってほしいし，中学校の先生方には，どの子も個人として貴ばれるべきであるという意識をもう少し持ってほしいのである。

（2）小学生時代の基礎作り

　小学校の先生方には，生徒指導の重要な基礎の部分を担当しているという意識を持ってほしい。これは，小学生のうちから厳しい生徒指導をしてルールを守れる子に育てておいてほしいという意味ではない。小学校の先生にはどの子に対しても個人を大切にする丁寧な対応を心がけてほしいのである。自分が個人として大切にされているという感覚を人格の根底に持つことなしには，人間は生きてゆけない。この感覚こそが，他者や教師や学校や社会に対する基本的信頼感となるのである。

　基本的信頼感が育まれた子どもならば，先生が提示するルールに従って学校生活を送ることが，結局は自分のためになることを納得するようになる。この感覚を育てると同時に，ルールを守ることが，結局は他者から受け入れられることになるという経験もさせるのである。大事な点はルールを守らせること自体ではなく，ルールを守ることで，他者から受け容れられるという経験を積ませることなのである。

　そのように小学校時代を過ごした子は，中学生になって問題を起こしても教師の指導がしっかり入りやすいのではないだろうか。小学校時代に他者や教師や学校や社会に不信感を持たせてしまえば，中学生になっての生徒指導は困難となる。

6. 中学校での具体的な理解や対応

重要ポイントの整理

• 中学校は集団対応（ルール）が大切だが，個人を大切にする意識も必要。
• 指導の中心は，積極的な生徒指導，システム作り，連携である。
• 生徒指導と教育相談の両方の考えが学校には必要。

（1）個人を大切にする意識

　小学校では個人を大切にする意識が強いが，それが強すぎると集団維持のための指導の意識が弱くなる問題があることを前節で指摘した。一方，中学校では，集団維持のためという意識が強すぎると，個人を大切にするという意識が弱くなるという問題が起こるのではないだろうか。

　「服装の乱れは心の乱れ」という言葉を根拠に，服装指導をやっている中学校も多々ある。しかし，その精神よりも一人の違反を許すと集団が崩れてゆくことを先生たちが恐れているから，服装違反を許せないと中学校では考えているのではないだろうか。吉田は，「私がある会議で，『ワイシャツの形やスカートの丈の長さやセーターの色だとか，髪の色だとかこういう些末なことを校則にするのはやめようよ』と指摘をしたとき，S先生が『吉田先生，私ね，先生の言ってることは確かにわかるんですよ。（略）でも，その子の違反を認めたら他の子も認めないといけないから，広がってしまうことになりますよね（略）やっぱり，例外は認められない校則にするのが正しいのかなと思っちゃうんですよ』」と述べている。ここには，中学校の先生たちの集団維持の意識の強さが現れているように思われる。集団維持の考えは大切である。しかし，個人を大切にする意識も中学校でも必要ではある。「服装の乱れは心の乱れ」ならば，指導するべきは「服装の乱れ」ではなく「心の乱れ」のはずである。

　なぜ，非行の生徒はこんなに強く服装指導に反抗するのかを考えたとき，非行の生徒たちの心の乱れが理解できるのではないだろうか。彼らは，承認欲求が満たされない人生を強いられてきたのであろう。彼らの主張に耳を傾けてくれる人はあまりいなかったのだろう。ゆえに，他者と異なる服装をして，自己主張をしているのではないだろうか。そのような彼らの心の乱れを理解してやることが，個人を大事にする意識である。彼らの服装違反という行為を許容するわけではない。しかし，承認欲求が満たされなかった彼らの心を理解し，学校生活の中で承

認欲求が満たされるさまざまな局面を用意してやるというような考え方が，中学校の先生方には必要でないだろうか。校則違反というルールに従って，服装を直させ反省文を書かせるだけの指導形式ならば，それは個人を大切にしていないということになるのではないだろうか。

（2）中学校の対応

　非行・暴力行為に対する中学校の対応としては，1節から4節までに述べてきた。もう一度振り返ってみると以下のとおりである。

　①積極的な生徒指導を充実させ，問題が起こりにくくする。②積極的な生徒指導を充実させ，問題が起こったときにも生徒が聞いてくれる教師になる。③問題が起こったときのために対応できるシステムを作っておく。④問題が起こったときは，連携をする。⑤連携は，教師間の連携，教師と家庭の連携，学校と地域の連携，学校と他機関との連携である。⑥どの連携においても，連携先に丸投げするのではなく，教師が連携のキーパーソンとなるべきである。

　他機関との連携で，教師が警察に行ったり，鑑別所に行ったり，家庭裁判所に行ったりするべきであるということを4節で述べた。教師のこのような態度が，つまり，個人を大切にする意識ともいえる。

（3）生徒指導と教育相談

　個人を大切にする意識は小学校の教師に強く，集団を大切にする意識は中学校の教師に強い。児童生徒の発達段階を考えたとき，これは間違っていないだろう。しかし，どちらの意識も教育の場では必要なのである。個人を大切にする意識は教育相談的と言ってよく，集団を大切にする意識は生徒指導的と言ってよい。学校という場にはどちらも必要であり，この2つは車の両輪のようなものではないだろうか。

引用文献
〈1〉　吉田順　2000　生徒指導24の鉄則―指導に自信を深める「考え方」の原理・原則　学事出版

児童虐待

1. 児童虐待の影響

- 児童虐待は，学習面はもとより，生徒指導・教育相談上の大きな課題となる。
- 児童虐待は，虐待を止めるだけでなく，その後の悪影響も防ぐ必要がある。
- 教職員は，児童生徒の言動から児童虐待の可能性に気づくことも必要である。

（1）児童虐待に対応することの必要性

　家庭で保護者が行う児童虐待について，学校が対応しなければならないのは，児童生徒の教育上の大きな課題となり，また人生に悪影響を残すからである。

　児童虐待防止法第1条は「この法律は，児童虐待が児童の人権を著しく侵害し，その心身の成長及び人格の形成に重大な影響を与えるとともに，我が国における将来の世代の育成にも懸念を及ぼす」とまで規定している。つまり児童虐待は，子どもが死亡するとか，大怪我をしてしまうといった直接的な被害だけではない。そのため児童虐待防止は，その子どもの人生を後々まで不幸にしてしまうことを防ぐという意味も大きい（図12-1）。

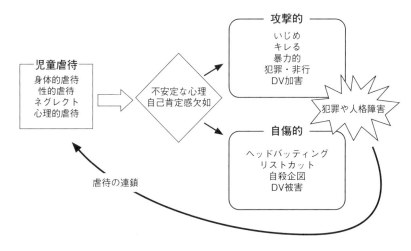

図12-1　児童虐待関係図

（2）児童虐待の影響

児童虐待の影響として，次のようなことが指摘されています。

①**身体面の課題**：虐待特にネグレクトなどでは，十分な食事がとれていないために，栄養不良から体重が増えないとか減少するということが見られるほかに，食事をとっていても身長が伸びないなど，成長ホルモンの抑制や，ストレスからの疾病なども生じる。また，病気があっても保護者が医療受診させないとか，虫歯が異常に多いなどの傾向も見られる。

②**知的面での課題**：虐待が直接あるいは間接に脳にダメージを与える場合もあり，また常に興奮状態で衝動的な行動をとるため，ものごとを落ち着いて考えることができず，本来のものごとをとらえたり，考えたりする力が奪われる場合もある。また，突然暴力場面を思い出すといったフラッシュバックを示したり，自分の行動を記憶していないなどの場合も見られる。

③**人間関係のとりにくさ**：対人関係で異常な緊張を示し，優しくしてくれる人に暴言暴力をふるう。他人のなんでもない行動を，悪意と誤解して殴りかかったり，反対に逃げ出し，けんかやいじめ，不登校の原因になる。友人などと安定的な信頼関係が築けず，常にトラブルの渦中にいる。

（3）非行・犯罪など生徒指導上の問題として

被虐待児童は，特に就学前から，殴る，嚙みつく，突き飛ばすなどの問題行動を示す場合があり，また小学校低学年からの万引きや金品持ちだし，火遊びなどの繰り返しが目立つことが知られている。

このような傾向は，思春期に激しくなる傾向があるが，特に再非行が目立つため，非行系の児童が入所する児童自立支援施設や少年院では，その多くが被虐待児である。また，このような行動が原因で，高校を中退したり，職場が長続きしないといった社会適応上の課題となることもしばしば見られる。

このように，生徒指導上で改善の困難な子どもたちには，かなり高い確率で被虐待児が見られるが，彼らには，叱るとか反省させるという対応はほとんど効果が無いため，きちんと虐待を想定した指導が求められる。

参考文献
・厚生労働省　2007　子ども虐待対応の手引き

2．児童虐待の定義

- 児童虐待は，身体，性，ネグレクト，心理の４種類に分類される。
- 学校では，児童虐待の定義は，通告により福祉機関などとの連携のきっかけとする重要なものであるから，正確に理解しておくことが大切である。
- 児童虐待や非行を含む，要保護児童についても通告が義務である。

（１）児童虐待の定義

　児童虐待は，関係機関連携のもとで対応することが義務とされており，その基準が児童虐待の定義となるので，正確な理解がもとめられる。

　児童虐待防止法第２条は，児童虐待を，「児童を現に監護する保護者が，その監護する児童について行う行為」と限定している。つまり，通りがかりの人が暴力をふるっても，この法律では虐待にあたらない。このように虐待を正確に判別するためには，知識と情報が必要になる。

１）身体的虐待

　「児童の身体に外傷が生じ，又は生じるおそれのある暴行を加えること」を身体的虐待という。ここで大切なことは，生じるおそれのある暴行，つまり外傷が生じていないものでも身体的虐待とする必要があるということにある。

　その意味は，身体的虐待は，身体への傷だけでなく，心を傷つけるということにも配慮を要するという点である。心理的虐待が別に規定されているが，暴力をふるわれた児童の心の傷は深刻でもある。けがの有無や程度で心の傷は計れないため注意が必要である。また，この法律はあくまで虐待防止法，つまり今後生じかねない虐待を防止しようとするものであるから，今回は外傷はなかったが，次に生じるかもしれないし，命を落とすかもしれない。それをどう防ぐかが防止ということである。

　しばしば学校は，今回はたいしたことがないので，今度あったら通告しようなどと考えて，通告を見送ることがあり，そのため子どもが救えなかったといった事例もある。この場合など，「今度あったら」を防ぐという，虐待防止の意図が理解されていないことに原因があり，通告の先延ばしが，子どもを見殺しにする残酷な判断であると認識する必要がある。

2）性的虐待

　「児童にわいせつな行為をすること又は児童をしてわいせつな行為をさせること」を性的虐待という。具体的には，子どもへの性的行為，性的行為を見せる，性器を触る又は触らせる，ポルノグラフィの被写体にするなどがそれにあたる。この虐待は，保護者が意図的に子どもを傷つけるという意味で，他の虐待と異なる側面を有している。また事実関係の確認が難しく証拠保全の必要性，性感染症や妊娠などの心配から，極力早い通告と対応がもとめられる。

3）ネグレクト

　「児童の心身の正常な発達を妨げるような著しい減食又は長時間の放置，保護者以外の同居人による虐待行為を放置する，その他の保護者としての監護を著しく怠ること」を，保護の怠慢・放棄，またはネグレクトという。具体的には，家に閉じ込める，食事を与えない，ひどく不潔にする，自動車の中に放置する，重い病気になっても病院に連れて行かないなどがあげられ，監禁して登校させない場合なども含まれるため，学校が気づくことが多い虐待である。

4）心理的虐待

　「児童に対する著しい暴言又は著しく拒絶的な対応，児童が同居する家庭における配偶者（内縁も含む）に対する暴力その他の児童に著しい心理的外傷を与える言動を行うこと」を，心理的虐待という。具体的には，言葉による脅し，無視，きょうだい間での差別的扱い，子どもの目の前で家族に対して暴力をふるうことなどが例とされる。特に留意すべきは，家庭内にドメスティック・バイオレンスがあれば，子どもへの直接の暴力などが無くとも児童虐待にあたる。またきょうだいが虐待を受けていれば，同居するきょうだいも虐待として対応することとされている。

（2）要保護児童

　児童虐待や非行など，保護者の意向より，子どもの状況を改善することを優先させる必要のある状況の児童を，児童福祉法は要保護児童とよんで「保護者のない児童又は保護者に監護させることが不適当であると認められる児童」（児童福祉法第6条の3第8項）と規定し，発見者に通告を義務づけている。つまり，児童虐待を受けた児童は同時に要保護児童ということになり，児童福祉法で対応されることになる。

3．通告にはじまる支援

- 学校は児童虐待を疑ったら，ただちに通告する義務を負っている。また，要保護児童についても通告する義務を負う。
- 虐待などの主たる対応機関は児童相談所か市町村であり，要保護児童対策地域協議会を通じた，これらと連携した活動が重要である。

（1）児童虐待と要保護児童の通告義務

　児童虐待は，保護者の監護が適切ではないという点で要保護児童に含まれる。

　つまり，要保護児童には，児童虐待を受けている児童，非行や問題行動のある児童，保護者がない児童が含まれ，この場合は保護者の同意に関わらず行政の介入的支援が検討される。要保護児童については，保護者が自分から相談することがまれであるため，気づいた人が福祉機関に連絡する必要がある。これを「通告」といい，教職員を含むすべての人について要保護児童を通告することは義務とされている。

　なお，児童虐待は，保護者の子どもに対する不適切な行為だが，虐待防止の通告は保護者を罰するためのものではなく，子どもと同時に，そのような子育てをしてしまう保護者をも支援し，再発を防止しようとするものである。この点の理解がなく，親もがんばっているのに虐待というには忍びないといった，誤った判断から通告が遅れ，結果的に子どもを守れず，親も犯罪者にしてしまうこともあり，趣旨をしっかり理解する必要がある。

（2）通告をめぐる留意点

　児童福祉法による要保護児童の通告に加えて，児童虐待防止法第6条第1項は「児童虐待を受けたと思われる児童を発見した者は，速やかに」通告しなければならないと，強い義務を定めている。そのため，発見者が虐待を疑った時点でためらわずに通告することが求められる。

　この場合の通告先は，市町村か児童相談所となるが，法律上はどちらにしてもよく，日常の連携や児童生徒の保護の緊急性なども考慮しつつ，通告者がいずれかを判断すればよいとされ，両方に通告することも可能である。

　また，守秘義務の関係では，通告は公務員などの守秘義務に優先することが明

記されている。また，通告したことを保護者などに知られると困ると悩む場合も
あると思われるが，通告を受理した機関は，その通告した者を特定させるものを
漏らしてはならないと定められていて，通告が特定されないことを原則として保
障している（児童虐待防止法第7条）。それでも心配な場合は，通告時に，通告
先の秘匿について確認しておくのも有効である。

　生徒指導提要は，通告前に，「児童生徒本人や関係者に対して，教員などが児
童虐待の内容の詳細を聴取することは，原則として避けるべきだと考えられてい
ます」と記述されている。その理由として，こころの傷を深める可能性があり，
また後に証拠として評価が下がる可能性があることをあげている。

（3）福祉機関の権限と要保護児童対策地域協議会の役割

　学校には，家庭を指導する責任や権限はなく，また家庭内の個人情報を収集把
握することもできない。一方で，市町村や都道府県などの福祉機関には，子ども
のことについて調査や指導できる権限が付与されている。虐待や非行などの要保
護児童などへの介入的支援は，いずれも家庭の監護力が課題となり，保護者の性
格や行動傾向と精神状況，職業や経済状況など，プライバシーに踏み込んだ情報
の共有と協議が不可欠となる。そこで，この個人情報の第三者提供の制限や守秘
義務などの課題を一挙に解決し，安心して子どもと家族の支援ネットワークを，
保護者の同意を前提としなくても構築できるという仕掛けが，要保護児童対策地
域協議会（要対協）である。もっとも，そこで扱われた情報は，高度な守秘義務
がかかるため，教職員は，要対協の趣旨，特に守秘義務について，しっかり確認
しておくことが大切となる。

　また，一時保護をしてもらうために児童相談所に通告するといった考え方をす
ることがあるが，近年は一時保護のハードルが非常に高くなり，保護者が反対し
ている場合は，児童相談所は短期間に裁判所の許可を得なければならないという
仕組みに移行しつつある。そのため，学校は支援が必要と感じた時点で適切に通
告や情報提供し，早期から連携をすることで，遅滞のない支援を行うことができ
るよう工夫することも必要となる。

4．児童虐待の予防

重要ポイントの整理

- 児童虐待や要保護児童となる前段階から，支援とつなげることが重要である。
- 要支援児童と特定妊婦についても，市町村に積極的に情報提供する。

(1) 児童虐待に気づく

　学校が，児童虐待に気づくのは，①地域住民や児童委員などから連絡がある場合，②市町村や児童相談所から連絡がある場合，③子どもや保護者が自ら申告してくる場合，④子どもの様子や言動から気づく場合，などが考えられる。

　特に，④の子どもの様子から虐待の存在に気づくことは，学校として大切なことであり，これができるようになるには，先の児童虐待の影響や定義を正確に知ると同時に，子どもの気になる様子をチーム学校として，校内ケース会議や，スクールカウンセラーやスクールソーシャルワーカーなどを活用した，アセスメントに基づいて，的確に行うことが必要となる。

(2) ヤングケアラーを例に

　近年，ヤングケアラーが話題となることが多い。ヤングケアラーは本来大人が担うと想定されている家事や家族の世話などを日常的に行っている子どものことで，責任や負担の重さにより，学業や友人関係などに影響が出てしまうことがあるとされている。その中には，子どもらしさを奪われ労働力として搾取され，いわば家族の奴隷のような立場もあれば，子ども自身が家族内で一定の役割を果たすことで自己肯定感も上がり満足しているというものも含まれる。このうち子ども自身に傷つきが見られれば児童虐待ということになり，家族内で役割があまりに不適切な場合には要保護児童となる可能性が高いが，そうでなくてももう少しこの家庭に何らかの支援が必要ではないかという段階も想定できる。このようにヤングケアラーと言っても，虐待や要保護児童に該当するなら，通告が義務であるが，支援がなければ先々要保護児童や児童虐待になるという，いわば予備軍への対応も制度化されるようになっている。

(3) 要支援児童と特定妊婦

　このように要保護児童や児童虐待には通告が義務付けられているが，その手前

のところで，有効な支援とつなげることが必要だという認識が高まってきた。しかし，その段階でも保護者が支援に同意しないこともよく見られ，単なる支援の押し売りだけではうまくつながらないということもありうる。そこで支援をどのように提供するかという段階から，関係機関が連携をして状況把握と協議をすることが求められるようになった。このように，要保護児童の前段階として，特別に支援を検討する子どもを要支援児童と呼んでいる。

　また出産した当日に子どもが放置されたり殺害されたりという事例も見られるため，そのようなことが生じる前，つまり妊娠中から何らかの支援を行う必要があるという例を，特定妊婦と呼び，共に要保護児童対策地域協議会（要対協）の支援の対象としている。この特定妊婦については，学校と無縁と考えられがちであるが，実際には年間数人の高校生が，自分の子どもを出産直後に殺害したということで少年院に入っている。つまり生徒が妊娠しているという場合も特定妊婦として支援することが可能となる。

　この要支援児童あるいは特定妊婦についても，保護者の同意を必要としない形で福祉とつなぐという法規定が制定されている。児童福祉法第21条の10の5は，このような要支援児童及び特定妊婦については，それらに該当すると「思われる者を把握したときは，当該者の情報をその現在地の市町村に提供するよう努めなければならない」と定めている。この場合，支援がつながるならば介入する必要がないことから，情報提供先を市町村に限定しており，児童相談所は含まれていない。また把握した機関が有効に支援できていれば，それ以上の必要がないため情報提供は努力義務とされているなどの特徴がある。もっとも学校の場合，福祉的な支援提供を本業とする機関ではないので，原則として市町村に情報提供することが適切となる。

（4）リスク管理

　学校が気づいた時点では，要支援児童と判断しても，急激に危険性が増し，また子どもの成長と共にリスクが高まる場合もある。要対協対象ケースは，課題未然防止の視点から，チーム学校としての継続的なアセスメントやフォローが不可欠であり，また福祉機関との適切な連携が必須となる。

5．小学校までの具体的な理解や対応

- 子育て支援並びに就学前の期間からの適切な引き継ぎが必要となる。
- 虐待を受けた子どもの特徴的な行動が見られるが，担任だけでアセスメントが難しいので，チーム学校の強化が必要となる。

（1）子育て支援の視点から

　就学前から小学校までの，虐待に関する保護者支援は，子育て支援という形で，出産期の助産師あるいは保健師による支援に始まり，各時期における定期検診あるいは保育園，こども園，幼稚園などの就学前の機関などが比較的濃密に関与している例が多い。そのため，学校として気になる場合には，できるだけ早期から関係機関の情報を集約し，その後の学校生活に資することができるよう情報を共有すると同時に，アセスメントを充実しておくことが必要である。

　虐待には限らないが，幼少期の子育てからくる子どもの状況は，子どもが比較的わかりやすく表出している場合が多い。そのため，学校に適応できているかどうかに着目するだけではなく，気がかりな状況の背景に，どのような困難や課題があるのかという点を合わせて適切にアセスメントすることが容易でもある。またそのような情報は，中学校以降においても必要な情報となるので，進級進学後も共有されることを意識しておくという点が重要となる。

（2）学校としての対応のポイント

　幼少期から小学校段階までの児童虐待はしばしば死亡事例も出るなど子どもに対してのリスクが非常に高い。その意味では，可能性を疑ったら，法令通りに早期に的確に通告をし，関係機関連携のもとで子ども並びに保護者を支援するという視点の確認が必要である。しかしながら，この点で小学校での気づきがどうしても担任1人まかせとなりやすく，子どもの示すサインの意味というのが学校内で共有されにくいという小学校としての課題も目立つ。そのためにも校内の生徒指導体制，特にチーム学校としてアセスメントが早期にできる体制と，教職員の児童虐待への理解の徹底という点が強く求められる。

（3）虐待の影響と発達障害の区別が必要

1節で述べたように，虐待を受けた子どもの行動特徴として，暴力傾向と自傷行為などが顕著に見られることがある。特に小学校の低学年では，極端な多動傾向を示す場合が少なくなく，暴力を伴う場合もあるが，学校や保護者，時に医療機関も虐待を見落として，ADHDなどの発達障害としてしまう場合が少なくない。実際には，小学校低学年での多動傾向は，発達障害よりもむしろ虐待の影響と判断すべきであったという経験をすることも多い。

また，極端な暴力行為が見られることもあり，昔からいわれる「殴られた子は殴る」のような事象もしばしば見られる。もちろん虐待を疑うなら速やかに通告をすることはもちろんであるが，虐待の兆候までは踏み込めないという場合でも，注意が必要なのは子どもの問題の指摘とその改善を強く虐待の可能性のある家庭に求めることである。

親が殴り，子が学校で暴れるという図式が成立しているとすれば，学校が保護者に強く子どもの改善を求めれば，保護者はなおのこと子どもに暴力を振るという，いわば学校が虐待を加速するという共犯関係が成立してしまうことにすらなる。アセスメントが必要な部分である。

虐待の把握しやすい特徴の1つは，発達障害と異なり人や場所によって態度が極端に変わるという一面が見られることがある。学校ではまったく大人しくしていないのに，家庭では何時間も正座している。授業参観で保護者が来ると態度がまったく変わりそれが持続するなどがあれは虐待を疑うことも必要となる。そこで重要な点は，保護者が子育てでどのように困っているかを，受容と共感をもとにしっかり聞き取り，アセスメントにつなげることである。

（4）アセスメント情報をしっかり引き継ぐ

小学校段階で把握される児童虐待の課題は，その後増悪する可能性が高く，把握できた情報とアセスメント結果は必ず次の学年，あるいは次の学校へと引き継ぐという視点が非常に重要である。この場合，学校の情報として直接伝えにくいという場合には，市町村などに通告や情報提供することを通して，要対協などを活用した情報共有の工夫も可能となる。

6．中学校以降の具体的な理解や対応

重要ポイントの整理

- 虐待の影響が行動面で増悪化し，進路や人生に関わる形で深刻化しやすい。
- 必要な場合，専門的な支援につなげ，見立てと支援が必要である。
- 18歳から支援が難しくなり，早期の支援が求められる。

（1）中学校以降の虐待の影響の特徴

　思春期以降は，身体的虐待などで子どもが死亡するといった事例は多くはない。もっとも児童虐待には親子心中も含まれるため，この年齢の死亡例がないわけではない。ただ，児童虐待の影響として，暴力問題や非行，犯罪など攻撃的な側面と，自傷的な側面ともに非常に増悪する可能性がある。暴力あるいは非行，犯罪の面からは，少年院あるいは刑務所などの犯罪関連の施設に入所する者の多くが被虐待経験を有しており，また彼らの立ち直りがことのほか難しく，施設を出た後に進学や就職につながったとしても，長続きせずに短期間で離脱してしまう傾向が顕著に見られる。

　このように社会的に不適切な，特に反社会的な行動をくり返す可能性が高く，暴力暴言，衝動的行動，飲酒喫煙，窃盗の反復，いじめの加害，虚言など，虐待の影響で亢進しやすい問題行動は，生徒指導上しばしばみられる。そのような場合には，適切に生育歴や被虐待歴を読み込んだアセスメントを実施し，十分な困難課題対応的な生徒指導を行えるかは，当該生徒の進路と人生に大きく影響する。被虐待経験は本人に帰責すべきものではなく，仮に学校を離脱させる等の場合であっても，支援可能な機関への引き継ぎなどを配慮し，生徒指導本来の社会的自立への支援をあきらめないことがのぞまれる。

（2）心理的精神的リスクへの対応

　被虐待経験者は，社会適応性の困難と表裏の関係で，著しく自己肯定感が低く，他人への恨みや妬みなどを抱きやすい。また些細と思われることで自分を消したいとか死にたいといった自殺願望につながりやすいなど，ハイリスクな人生を歩むことになり，自殺防止の一環としての対応も求められる。

（3）専門職との連携

　このような虐待による影響の大きさは，虐待の種類，受けた年齢，性別，本人のパーソナリティ，環境条件，支援の有無などが複雑に絡むので，判断には専門性が必要となる。スクールカウンセラーやスクールソーシャルワーカー，などとのチーム学校での対応や，外部機関などとの連携の下，虐待の影響を把握し的確な支援につなげることが必要となる。単に教師が話を聴くとか学校でカウンセリングをするというレベルでは対応できない場合もあり，それが深刻であるならば児童精神科などの専門機関につなぎ，トラウマインフォームドケア※1などと呼ばれる傷つきに特化した支援も必要となる。

（4）18歳成人を意識した対応

　児童虐待が保護者との関係で生ずるものであるだけに，保護者の同意や協力を得ての支援を実施するのが困難な場合が少なくない。そうであっても生徒が未成年者の場合には，児童福祉法と児童虐待防止法が適用されるため，現在進行形の児童虐待の場合には，通告にはじまる市町村や児童相談所などの福祉機関との連携による支援を実施することとなる。

　しかし，過去に虐待を受けた者に対しての支援は自治体によってかなり差があり，虐待が収束していると要対協などの関係機関の連携の対象としない自治体も少なくない。児童虐待防止法は自立の支援のための措置までを対象とするが，徹底されていない状況があるため，要対協の構成員である教育委員会は，本来の規定の通り福祉機関との連携が実現するよう日頃から体制整備を働きかけることも重要である。

　一方，18歳成人を視野に入れると，児童福祉法の下で可能であった施設入所や自立の支援などのメニューが，成人となると同時にほとんど使えなくなるため，ネットワークが活用できる間に将来を見越した対応が準備できるよう，極力早くから医療や福祉機関との連携を工夫することが不可欠である。

用語等の解説

※1　トラウマインフォームドケア（TIC）とは，支援者がトラウマに関する正しい知識と対応を身につけ，「トラウマがあるかもしれない」という観点を重視する対応を行う支援の枠組みをいう。

性の課題

1.「包括的性教育」を実践するために

重要ポイントの整理

- 「包括的性教育」とは，セクシュアリティの認知的，感情的，身体的，社会的側面について，総合的に深く学ぶことで，主に以下の観点を重視している。
- 人権とジェンダー平等が基盤で，科学的に正確に，幼児期から継続的に行う。
- 自他の尊厳と責任を育成し，ウェルビーイングな関係性を築く。[(1)]

（1）これまでの「性教育」と「包括的性教育」

　「包括的性教育」とは，「性教育（sex education）」を含み，さらに拡大発展させる教育である。それは，生命尊重（性交抜き）・二次性徴などに偏り，時間も少なく家庭地域協働も限定的であった日本の性教育の改善を促している。

　世界をみると，その指針となる「国際セクシュアリティ教育ガイダンス」[※1]（以下「ガイダンス」）がある。「ガイダンス」では「包括的性教育」の目標を「健康とウェルビーイング（幸福），尊厳を実現することであり，尊重された社会的，性的関係を育てることであり，かれらの選択が自分自身と他者のウェルビーイング（幸福）にどのように影響するのかを考えることであり，そしてかれらの生涯を通じて，かれらの権利を守ることを理解し励ますことである」と明記している。[(1)]

　この目標達成のための基本的要素として，「＊科学的に正確であること＊徐々に進展すること＊年齢・成長に即していること＊カリキュラムベースであること＊包括的であること＊人権的アプローチに基づいていること＊ジェンダー平等を基盤にしていること＊文化的関係と状況に適応させること＊変化をもたらすこと＊健康的な選択のためのライフスキルを発達させること」の10項目をあげている。[(1)]

（2）包括的性教育と日本

　世界と比較すると，日本の後れは歴然としている。象徴として，「学習指導要領」で小学5年生の理科と中学1年生の保体科で性交の扱いを事実上禁止する「歯止め規定」がある。「包括的」とは，このような限定禁止の壁を取り払い，すべてを含んで，学習者の多様に深く学ぶ権利を保障する意味がある。

日本の後れの大きな要因は「性教育バッシング」^{※2}であるが，その影響は今も自粛沈滞ムードとして残っている。

後れる日本に対して，国連の子どもの権利委員会，女性差別撤廃委員会，障害者権利委員会から「包括的性教育の実施」を求める勧告が出されている。

（3）性の現状と社会

この後れの影響は，無知のままポジティブで正確な知識を得る権利が保障されず，「恥・汚い」というネガティブなすり込みで大人になることである。

ほとんどの性行動は，プライベートな行為であり，各個人が自己決定することになる。そのためには確かな知識に裏付けられた相互の安全と尊厳を保障できる自己決定力が要る。しかし，現状は危機的で，日本のほとんどの子どもと大人が「包括的性教育」放棄によるネグレクトの被害者といえる。

用語等の解説

※1　「国際セクシュアリティ教育ガイダンス：International Technical Guidance on Sexuality Education」とは，ユネスコが中心になり，WHO，ユニセフといった国際機関や性教育分野の専門家の協力を得て2009年に初版が，2018年に改訂版が発行された国際的な性教育の指針。下記サイトに日本語版がPDF版で公開されている。https://sexology.life/world/itgse/
日本での「包括的性教育」の取り組みは下記のサイトに詳しい。"人間と性"教育研究協議会：https://www.seikyokyo.org/　ココカラ学園：https://kids.yahoo.co.jp/sei/　AMAZE＜性教育動画＞PILCON：https://pilcon.org/activities/amaze

※2　「性教育バッシング」とは，日本で1992年から当時「霊感商法」「集団結婚」等で社会問題となった宗教団体らによって，その後2002年ころから一部保守政治家やメディアも加わって大規模化した学校性教育に対する批判キャンペーン。もっとも重大であったのが2003年東京「七生養護学校（当時）」事件であるが，2013年にバッシング加害側の都議や都教委を違法と断罪する裁判結果が確定している。

引用文献
〈1〉　ユネスコ編　2020　改訂版国際セクシュアリティ教育ガイダンス―科学的根拠に基づいたアプローチ　浅井春夫・艮香織・田代美江子・福田和子・渡辺大輔訳　明石書店

2．性的トラブル予防　予期せぬ妊娠と性感染症

重要ポイントの整理

- 性的トラブル防止は教育の最終目的ではなく，よりよい性的自立に至るためのプロセスである。トラブルがあった場合も立ち直り支援を優先する。
- 予期せぬ妊娠*1／性感染症*2は不道徳な行為の結果というより，多くが安全への配慮の知識不足で，危険を回避できなかったことが原因である。
- 性的トラブルの恐怖感や罪悪感は煽らない。相談や治療が遅れ逆効果となる。

（1）性的トラブル　これまでの性教育と「包括的性教育」

　10代での予期せぬ妊娠と性感染症などの性的トラブルの防止は，従来から性教育の目的になっていた。ただ，これまで多かったのは禁止や脅しの性教育であった。禁止型の性教育は，性行動を非行・不良行為と捉え，それにつながる恋愛・交際などは児童・生徒に必要ないとして制限していく教育で，脅し型は，性行動のマイナス面ばかりを取り上げ，中絶や感染の恐怖ばかりを煽り，具体的な避妊法や感染予防法は意図して省く教育であった。その効果は限定的で，むしろ，セックスするとなった場合，安全な予防手段を知らないためトラブルになる可能性も高く，トラブルに陥っても禁止されたセックスをした自責で相談できず，更なる大きな被害につながる可能性も高くなる。

　ウェルビーイングな性的自立のためには，トラブル防止の具体的な方法を教え，ネガティブな禁止・脅しを避けることが必要とされる。性的トラブルがあった場合は，無知がもたらす被害であり，自立・発達の課題と受け止め，無知やバイアスこそ問題として捉え，教育で是正し立ち直りを支援する。

（2）具体的な予防方法

　具体的なトラブル防止手段は，交際やセックスの禁止ではなく，性器セックスなしでも満足が得られることを具体的事例等で示す。さらにセックスするなら，たとえ結婚していても安心と安全の性行動がとれて信頼が深まる関係をつくるため，トラブル予防の具体的な方法を教える。いまもっとも安全で信頼ができる方法は避妊用ピルと感染予防用コンドーム併用の「ダブルプロテクション」といわれている。

　ただ，それを知っていても危険で無防備な性行動を繰り返す場合もある。それ

は自尊感情の不足や「嫌われたくない・こわい・恥ずかしい」から我慢してしまう，などメンタル・関係性・ネガティブ情報が深く影響している。その場合は自信や展望の回復など関係性の改善（離別を含む）のエンパワーメント的支援が個々のケースにあわせて必要となる。

（3）トラブルからの立ち直りの支援へ

　これまで性的トラブルは，不道徳行為の結果で，自己責任で解決することを強いられてきた。たとえば妊娠をして産み育てることを選択した高校生や大学生にとって日本の高校や大学には，欧米とちがって託児所も少なく，退学・休学・転学を余儀なくされる場合も少なくない。

　人工妊娠中絶についても後遺症の怖さや罪悪感を煽ってきた。しかし，近年の欧州諸国の多くが，安全な中絶は女性の自己決定権として保障をする傾向にある。しかし，日本では，WHOが安全と推奨する「経口中絶薬」認可が遅れたこと，緊急避妊薬も含めての薬価の高額設定，さらに人工妊娠中絶に相手男性の「承認」が必要なことなども併せて自己決定権の幅を狭めている。

　これまで，性感染症罹患も不特定多数との性交渉や売買春が主な原因として，性道徳から問題視してきた。しかし，性に近づき粘膜接触があれば，誰でもが感染する可能性がある。道徳を問うことで「ふしだら，遊んでいる」人の病気として検査と治療や相手への告知を躊躇させては，かえって感染を広める。

　重要なことは性的トラブルになっても，生活苦やトラウマに結びつかないようにする社会への改善であり，児童生徒にはそのために支援するキーパーソンと支援制度，その一環としての教育が要る。

用語等の解説

※1　「予期せぬ妊娠」とは，準備・計画をしていない妊娠をいい，計画妊娠に比べ諸課題を抱えやすい。この中に若年に多い「望まない妊娠」も含まれる。厚生労働省調べでは，予期せぬ妊娠やDVなどで妊娠中から支援を必要とする「特定妊婦」が，2020年に8,300人と10年前の約10倍に急増している。

※2　「性感染症」とは「性的接触によって感染する病気」で，性器性交だけでなくオーラルセックスなど粘膜接触感染を含む。2023年5月国立感染症研究所のまとめで，近年「梅毒」感染者が急増，「クラミジア」と「尖圭コンジローマ」も，ここ10年で最多と報告されている。

3．性暴力，デートDV

- 性暴力は性的自己決定権の侵害であり，日常的にある。
- デートDVは多種多様であり，それらが複合的に起こる。
- 被害者の救済だけでなく，加害者にならない教育がいる。

（1）性暴力の理解

　性暴力というと，野外で見知らぬ人に襲われるもので「めったにない」と思いがちである。実は性暴力は屋内で知人から被害を受けることが多い。内閣府によると，女性の約14人に1人，男性の約100人に1人は無理やりに性交等をされた経験があって，加害者との関係は，女性では「交際相手・元交際相手」が約3割，男性では「通っていた（いる）学校・大学の関係者」が約2割で最多となっている。「まったく知らない人」は約1割に過ぎない。[(1)] 性暴力とは殴ったり脅したりしてのレイプだけでなく日常的にあるもので，明確な同意のないあらゆる性行動が性暴力となる可能性を持っている。性行動は，相互満足をもたらすことが重要であるが，同意のない場合は異なる。それは被害者から自己決定権（とくにNOと拒否する権利）と将来への展望・希望を奪い，多くの人々に社会不安をもたらす。

　近年の変化として，2023年には「不同意性交等罪」が施行された。それによって，以前の「強制性交等罪」にあった「暴行脅迫」などを受けた場合以外にも，「本当は嫌だったのにそれを伝えられる状況ではなかった」とか「断ることが不可能である」という「真の同意」がない場合の性的行為も犯罪になりうるようになった。同時に，性交同意年齢引き上げ（13歳➡16歳），性的グルーミングを処罰対象にする，公訴時効の5年延長，身体の一部や物の挿入も「性交」に含む，撮影罪，等が新設された。

　また，性暴力防止教育として文部科学省から「生命（いのち）の安全教育」が2020年度から推進されたりするなど一定の前進がある。ただ「生命（いのち）の安全教育」に関しては，文部科学省例示教材には次のような点などが不足しているため，さらなる改善が必要であろう。

　①個人の自己決定権，からだの機能や重要性を加える。②性をポジティブに伝え，道徳的規範を押し付けないように変える。③加害防止として性的同意と互いの境界バウンダリー尊重を具体的に学ぶ。

（2）デートDV者の救済と支援

　交際相手からの性暴力だけでなく，種々の暴力を「デートDV」という。女性の６人に１人，男性の12人に１人が経験しており，そのうち女性の３割強，男性の約４割がどこにも相談できずにいる。そのため喫緊の解決すべき教育課題となっている。その主な種類は次のとおりである。

1. **身体的暴力**：相手に向かって物を投げる，たたく，蹴る，嚙むなど，それらのふりをするだけも恐怖で相手を支配する暴力となる。
2. **言葉，心理的感情的暴力**：汚い言葉を言う（ばか，ブス，デブ，汚いなど）無視する，嫌がらせストーキング，頻繁な電話やSNS，履歴チェック・消去，過剰な嫉妬。
3. **性的暴力**：同意のない性交渉，交渉時に痛めつけたり侮辱したりする行為，避妊や性感染症予防への非協力，トラブルの責任放棄，裸やセックスの写真や動画をネット（SNS等）で流す。
4. **経済的暴力**：お金を貢がせる，借りた金を返さない。

　これらは複雑に複合して起こることが多い。

（3）性暴力の克服と加害防止教育

　性暴力の克服のための性教育には，まず性暴力への「気づき」がいる。そのために，お互いに対等平等に合意納得した～①相手と②ときに③場所で④方法で～行われた性行為以外は暴力となるという認識がいる。④の方法のなかには，ノーセックス＝性器接触・挿入なしの性行為，避妊，性感染症予防などあらゆる方法の選択が入る。それがDVとなると性暴力の他にも種々の要素が入る。このように「気づき」を促して，そのうえで予防と解決のために信頼できる相談機関を知らせる。

　さらに，性暴力を元から断つためには加害者をつくらないことがもっとも重要となる。加害者がいなければ被害者もでないし，社会的な不安や恐怖もやわらぐ。そのためには「性行動は相互尊重！性的同意と相手の境界・バウンダリーを尊重しない言動は加害」というメッセージを伝え続ける必要がある。

引用文献
〈1〉　内閣府　2021　男女間における暴力に関する調査報告書
〈2〉　関口久志　2021　改訂　性の"幸せ"ガイド—若者たちのリアルストーリー　エイデル研究所

4．性の多様性　性的少数者（LGBTQ＋）の人権

重要ポイントの整理

● 性は多様であり100人いれば100通りの性があり，誰もが当事者である。

● 性的少数者（LGBTQ＋）を理解し，権利として多様性を保障する。

● 多様な性に配慮した学校・教育は，当事者優先によってつくりあげる。

（1）性の多様性とは

　人間の性のあり方は主に4つの要素がある。①身体の性（出生時に割り当てられた性）②性自認（こころの性）③性的指向（好きになる性）④性別表現（表現する性）これら4つの要素が複雑に組み合わさって，各人の性のあり方が形づくられている。つまり，誰一人同じ性はなく，みんな違って多様である。

　性の多様性における権利保障とは，多様な選択がその人の希望に応じて実現可能なことである。それには両面性があり，「〜であるべき」と押しつける法や規範からの解放と，また「望んでもできない」という無権利状態を救い支援する法や社会制度の整備が必要となる。たとえば結婚でいえば，「誰もが異性と結婚して子どもを持つべき」という画一的な家族観からは解放されるべきであり，権利として救済すべきは「まだ日本で結婚法制度のない同性愛者，結婚がほぼ叶わない障がい者など」の結婚選択ができる環境整備である。

（2）性の多様性理解

　性の多様性を大まかに整理すると次のようなるが，実際はこの中でもさらに個々多様である。⁽¹⁾

　＊性自認が出生時に割り当てられた性別と

　・一致しない場合：「性別違和」「トランスジェンダー」「性同一性障害」

　・一致する場合：「シスジェンダー」

　＊性自認に対して性的指向が

　・同性に向く場合：「同性愛」「ホモセクシュアル」「ゲイ」「レズビアン」

　・両性に向く（または性別を問わない）場合：「両性愛」「バイセクシュアル」
　　「パンセクシュアル（性別を問わない）」

　・異性に向く場合：「異性愛」「ヘテロセクシュアル」

　・どこにも向かない（性的欲望を持たない）場合：「無性愛」「アセクシュア

ル」

＊身体的性別で

・「普通」だと固定観念で決められている男性・女性のからだとは違ったからだの発達をする場合：からだの性のさまざまな発達（Differences of Sex Development：DSDs），以前は「インターセックス」「性分化疾患」（医学用語）とも呼んだ。

　性的少数者（LGBTQ＋）に共通するつらさは「男（女）らしさ」や「こうあるべき」という姿や振る舞いから外れているため，周囲から疎外されることである。「いないもの」として扱われることで，居場所を失い傷つき，自らを隠すようになって，ますます表面化せず取組みが遅れる悪循環に陥る。

（3）多様な性に配慮した学校・教育

　文部科学省は2015年4月，全公立学校に「性的少数者に配慮を求める通知」を出し，以前にも増して性の多様性に配慮した学校への変容を求めた。しかし，当事者の生きづらさはまだ解決できていない。調査では「10代LGBTQの48%が自殺念慮，14%が自殺未遂を過去1年で経験。不登校全国調査と比較し，高校生当事者の不登校経験は10倍。しかし，9割超が教職員・保護者に安心して相談できていない」と報告されている。⁽²⁾

　この大きな要因は教育が進展していないためである。性的少数者（LGBT＋）の生きづらさを救うためには，当事者の勇気や努力より，まず社会や学校での理解が進むことが優先される。そのためには，配布物・掲示物等で相談先の告知などをして，さらに，子どもたちに有効な教育実践のできる教職員を増やすため研修等が必要となる。このような支援と教育環境のない場合，当事者は疎外感で孤立してしまう。

　当事者からの相談があった場合は，その要望をきいて，できるかぎり素早い対応が望まれる。無対応や遅延は相談しても「無駄だった」という無力感に陥れるし，相談された者による周囲への「言いふらし」はさらなる被害を増大させる。

引用文献

〈1〉　橋本紀子・田代美江子・関口久志編　2017　ハタチまでに知っておきたい性のこと　第2版　大月書店

〈2〉　認定NPO法人ReBit　2022　LGBTQ子ども・若者調査2022

5．小学校までの具体的な理解や対応

重要ポイントの整理

- 自他の尊厳を自覚し大切にできる力をつける。
- 小学校低学年まではからだと生命・生活という生 (Life) の主体者。
- 未来に向けてポジティブな「包括的性教育」を行う。

（1）自分を大切にできる力　自己の尊厳（肯定）

　その後の性的自立のために，子ども期に養っておいてほしいのが，自分のからだ（こころを含む）を大切にできる力である。その源は「かけがえのない自分の大切さを実感できた体験」で，自分の尊厳に気づいてこそ，自分をそして他者を尊重できる。

　その点で，最近の子どもたちは貧困によるネグレクトや家庭・学校から期待される「よい子競争」などで安心と安全の居場所がなく，コロナ禍の影響もあり人間関係も希薄になり，自尊感情が育ちにくい環境にある。学校教育でこれまで以上に養う必要が生じてきている。人間の性的欲求は養育期の心地よいケアやスキンシップへの回帰願望ともいわれ，この力が不足すると思春期以降の性的自己決定力やよい関係づくりに大きな支障が出る。人間の場合は可塑性があり子ども期を過ぎてもこの力を再獲得もできるが，年齢が上がるほどより困難性が増す。

（2）具体的教育・対応　小学校低学年まで

　小学校低学年までは，からだの主体者として，安心できる居場所と交流がいる。その学習の具体例を項目別に説明する。

　＊からだの学習：「からだっていい，よくできている」と肯定的にからだの各器官の仕組みを学習する。その中に大事な器官として性器の学習も必ず入れて，家庭との協力でトイレマナーや性器洗い指導などを行い，大切に清潔に保護できるようにする。

　＊いのちの学習：生命誕生の仕組みを正確に理解度に合わせて教具や用語の工夫をして，理解してもらう。ごまかしたり嘘を教えたりすると性をタブー視して相談できない要因になる。また誕生時の母親や家族からの愛情強調も個々多様なので避けたい。

　＊安全の学習：幼少期から性的な被害に遭うことがある。そのときの対処の仕

方を学ぶ。「国際セクシュアリティ教育ガイダンス」にある「誰もが，自らのからだに誰が，どこに，どのようにふれることができるのかを決める権利をもっている」という自己決定権を保障する。

　具体的には①性的な誘いやイヤなタッチに「イヤやめて」ときっぱりいう。②大声を出して助けを呼ぶ。③その場から逃げる（明るい人の多い方向へ）。④親や先生に被害を告げる。このどれも大切だが特に①については，からだの学習が基盤となって発揮できる。④の相談された大人は，子どもを絶対に非難しないで，「よくいってくれたね。大丈夫護ってあげるから」とエンパワーしてほしい。[1]

＊**性的な言動への対応**：子どもはときに，不適切な性的言動をする場合がある。そのようなピンチは教育のチャンスでもある。その際の具体的な対応を紹介する。①性器を人前でさわる場合：行為自体は責めないでプライバシーと社会ルールとして独りの空間で行うように指導する②「ズボンおろし」「スカートめくり」「カンチョー」等性的いじめがあった場合：からだの権利や学習環境権を侵す重大な人権問題として毅然と対処する。遊びで済ますと被害が拡大する。とくに攻撃的・搾取的に繰り返したり，年齢差・地位差・知力差の利用等がされていたりしたときは重大な注意と対応がいる③「女のくせに〜，男のくせに〜」等の言動があった場合：ジェンダー平等や性別にとらわれない多様性があることを教える。

（3）未来のために　小学校中学年から

　この頃から性的な心身の変化を視野に入れて教育する時期となる。そのため小学校3〜4年生から予め，ポジティブに月経や射精を教えておく必要がある。早い女子ではこの年代で初経がある，男子も早いと5〜6年生で精通がある。

　何も知らないとパニックになることが多い。教育は子どもの今と未来の幸せのためにある。その当然のことは性においても同じである。予め教えておくことで安心と安全が保障される。何事も早すぎるということはない。小学校高学年からは，6節中学以降の具体的な理解対応に入れる。

引用文献

〈1〉　浅井春夫・安達倭雅子・北山ひと美・中野久恵・星野恵編著　2014　あっ！そうなんだ！性と生―幼児・小学生そしておとなへ　エイデル研究所

6．中学校以降の具体的な理解や対応

重要ポイントの整理

- 性的自立に向けて，性の主体者になれる力をつける。
- 心身の変化，とくに月経と射精を肯定的に教える。
- 未来に向けて，よりよい関係を築ける自己決定力をつける。

（1）性的自立に向けて

　思春期は個人差はあるが，子ども期から離脱し，性的自立に向けて性の主体者となっていく時期である。性的自立とは，まず自分がどのような性を生きるのか，さらにどのような性的関係をつくっていくのかを創造していくことである。思春期には性的成熟が進み，性的関心も増加する時期となっている。1節で述べたように，性行動には確かな知識と，相互尊重の関係性を築く力が必要とされるのである。

（2）心身の変化を肯定的に

　思春期は心身が大きく変化する時期で，戸惑いや不安もある。それを乗りこえるために教育がいる。養育者からの自立ということで孤独感を感じたり，自我の芽生えから他者と比較してコンプレックスを感じたりする。すでに述べたように自尊感情の低下や安心の居場所の不在があるとこの壁は越えにくいので，自尊感情と多様性の重要性を再認識できる体験と教育が自立の後押しになる。そのポイントが以下である。

　思春期のからだには，ホルモンの作用により大きな変化が現れる。それを成熟への成長発達として肯定的に受け止められるようにする（ただしトランスジェンダーの人は強い違和感を持つ場合が多い）。月経・射精に関しては新しい命をつくる可能性を持つことへの畏敬とともに，ポジティブな扱いをして羞恥・嫌悪を感じないようにする。具体的には，月経では，健康上の重要性，月経痛や月経前症候群，月経異常の克服，多様な月経用品の選択と無償化情報，月経時のパートナー（男性が多い）からの思いやりの必要性。射精では，生理的科学，自慰の肯定とプライバシーの尊重，勃起などの性衝動と性行動は分離して，安全と尊厳尊重でコントロールできる，等を扱う。

（3）人間関係を学ぶ

「第8回青少年の性行動全国調査」（2017年）で，思春期以降での学びたい関心は「恋愛・交際」が最多になって，よりよい関係性をつくる教育が望まれている。ただ，教育面で恋愛等関係分野は後れているのが現状で，情報はメディア・友人に偏り，「恋愛至上主義」「交際にセックスは必然」などの偏見に陥りやすい。そのため恋愛偏重や興味本位の性情報を是正できる恋愛や交際の授業を行ってほしい。その際の大事なメッセージは，①「恋愛」をしていなくても人の価値は変わらない。独りでも片思いでもOK（恋愛至上主義からの解放）②「恋愛」してつきあってもノーセックスで，語らいやふれあいで十分満足できる（恋愛＝セックスからの解放）③セックスをするなら，たとえ結婚していようが，相互の安心・安全・信頼が不可欠である。そのため対等な話し合いで同意を確認し，避妊，性感染症予防，デートDV防止の実行が最低限必要（トラブル・暴力の防止）[1]。

（4）セクシュアリティの到達指標

性的自己決定力をつけ自立を目指すためにはその指標になる到達目標がいる。個人でも教育面でも次の到達指標を基準にチェックをしてほしい。

① 自分のこころとからだ・性を大切に思えて大事にできる。

② 周りの人や特定の相手のこころ（意思）とからだ・性を尊重できて侵害しない。

③ 友人やメディアからの性情報のウソを見抜き科学的で正確な情報を得られる。

④ 性的な衝動に流されず，予期せぬ妊娠・性感染症や暴力・強制を予防できる。

⑤ 同性愛など性愛の多様性を理解し，自他の主体性個別性を尊重できる。

⑥ 性や恋愛で悩んだときや困ったときに信頼して相談できる人や機関がある。

⑦ 友人や特定の相手の悩みやトラブルの相談を受けて解決につなげられる[1]。

引用文献

〈1〉 関口久志 2021 改訂 性の"幸せ"ガイド─若者たちのリアルストーリー エイデル研究所

発達の課題

1．発達障がいとは

重要ポイントの整理

- 発達障害者基本法における発達障がいは，施行以前に法的に支援の対象として位置づけられていなかった障がいを支援の対象として位置づけた法律である。
- 精神疾患の分類と診断の手引第5版（DSM-5-TR）(1)は，発達障がいを神経発達症候群に分類しており，発達障害者支援法による「発達障害」とすべてが同一というわけではない。
- 文部科学省の発達障がいの定義は，学習障害を除き，DSM-5の前版であるDSM-4を参考に定義づけられている。

（1）発達障害者支援法

　平成17（2005）年4月に施行された発達障害者支援法は，発達障がいのある幼児から成人の総合的な支援について記した法律である。平成28（2016）年には目的・基本理念，定義などが改正された。

　発達障害の定義に関する第2条第1項では「『発達障害』とは，自閉症，アスペルガー症候群その他の広汎性発達障害，学習障害，注意欠陥多動性障害その他これに類する脳機能の障害であってその症状が通常低年齢において発現するものとして政令で定めるものをいう。」とあり，加えて「その他これに類する脳機能の障害であってその症状が通常低年齢において発現するもの」を政令で定めるとしている。政令及び厚生労働省令には，言語の障害，協調運動の障害，心理的発達の障害並びに行動及び情緒の障害などが明示されている。

　また，改正によって「この法律において『発達障害者』とは，発達障害がある者であって発達障害及び社会的障壁により日常生活又は社会生活に制限を受けるものをいい，『発達障害児』とは，発達障害者のうち十八歳未満のものをいう。」（第2項）及び「発達障害がある者にとって日常生活又は社会生活を営む上で障壁となるような社会における事物，制度，慣行，観念その他一切のものをいう。」（第3項）が加えられた。発達障がいを障がいだけで規定せず，社会的障壁とい

う環境要因によって「制限を受ける」という見方を加えたものとなる。

（2）精神疾患の分類と診断の手引第5版（DSM-5-TR）

　アメリカ精神神経学会が発刊するDSM-5-TRでは，発達障がいは，神経発達症候群に分類されている。ただし，神経発達症候群には知的発達症群（知的能力障害）も含まれるため，発達障害者支援法による発達障害とすべてが同一の分類というわけではない。

　DSM-5-TRでは，自閉症やアスペルガー症候群，広汎性発達障害は，すべて自閉スペクトラム症に統一され，ADHDは，注意欠如－多動症と日本語訳が変更された。また，読み・書き・算数の障害は，限局性学習症として一括して示されている。

　基本的な診断基準に大きな変更は無いものの，自閉スペクトラム症が，重症度において3段階で区分されたり，自閉スペクトラム症と注意欠如－多動症の併存が認められたり，注意欠如－多動症の発症年齢を12歳以前に引き上げられたりするなどの変更点が見られる。

（3）文部科学省の定義

　文部科学省では，発達障がいとして自閉症，高機能自閉症，ADHD，学習障害（Learning Disabilities）を定義付けている。自閉症，高機能自閉症，ADHDは，DSM-5の前版であるDSM-4を参考に定義づけられているが，学習障がいは，1987年に全米学習障害合同委員会が提唱した定義を参考として作成された。

　文部科学省の学習障害の定義は，「学習障害とは，基本的には全般的な知的発達に遅れはないが，聞く，話す，読む，書く，計算する又は推論する能力のうち特定のものの習得と使用に著しい困難を示すさまざまな状態を指すものである。学習障害は，その原因として，中枢神経系に何らかの機能障害があると推定されるが，視覚障害，聴覚障害，知的障害，情緒障害などの障害や，環境的な要因が直接の原因となるものではない。[2]」というものである。

引用文献
〈1〉　American Psychiatric Association　2023　日本精神神経学会監修　DSM-5-TR™精神疾患の診断と統計マニュアル　医学書院
〈2〉　文部科学省　1999　学習障害児に対する指導について（報告）

2．特別支援教育

- 特別支援教育は，特別な場で行う教育ではなく，幼児児童生徒の教育的ニーズに対応する教育である。
- 特別支援教育を推進するためには，担任や幼児児童生徒を支える支援体制の構築及び指導の具体化と関係諸機関の連携を促す個別の指導計画，個別の教育支援計画の作成が求められる。

（1）特別支援教育とは

　特別支援教育という用語は，平成15（2003）年に示された「今後の特別支援教育の在り方について（最終報告）[1]」において公の場で用いられた。この報告書には，これまで，障害の程度等に応じ特別の場で指導してきた特殊教育体制から，障害のある児童生徒の教育的ニーズを的確に把握し，柔軟に教育的支援を実施する特別支援教育体制へと転換を図る必要性が示された。

　特別支援教育とは，従来から対象としていた通級による指導，特別支援学級，特別支援学校で対応している児童生徒に加えて，新たに通常の学級に在籍する発達障がいのある幼児児童生徒の教育的ニーズにも対応することを目的とした教育である。そのため，各学校において，学校や地域で特別な教育的ニーズのある幼児児童生徒の指導や支援を支える体制が構築されている。

（2）特別支援教育を推進するための支援体制

　特別支援教育を推進するために，モデル事業の成果に基づきながら，学校の特別支援教育支援体制を構築する取組みが構築されてきた。特別支援教育支援体制として以下のものが学校で構築・活用することが求められた。
　① 校内委員会の設置[※1]
　② 特別支援教育コーディネーターの指名[※2]
　③ 個別の指導計画の作成
　④ 個別の教育支援計画の作成
　⑤ 専門家チームからの支援の活用
　⑥ 巡回相談による支援の活用
　⑦ 特別支援教育支援員の活用

⑧ 特別支援学校のセンター的機能の活用

　このような支援体制を機能的に運用するためには，特別支援教育コーディネーターが果たす役割は大きい。学校によっては，生徒指導部や教育相談部，特別支援教育部等の分掌の教員に対して，複数のコーディネーターを指名し，コーディネーターのチームを編成することもある。複数制をとることにより，関連する部の連携が促されたり，段階的に人が変わることで，業務の引き継ぎが容易になったりする場合もみられる。

（3）個別の指導計画と教育支援計画の作成と活用

　個別の指導計画は，個々の幼児児童生徒の実態を的確に把握し，個々の実態に即した具体的な指導目標とその目標を達成するための指導の内容や方法を明記する計画書である。つまり，日々の指導に活用するために作成するものであり，適切な指導が行われているかどうかを検討するために，単元や学期，年度毎など適宜評価を行うことが必要となる。さらに必要がある場合には，障がいのある子どもを生涯にわたって支援する観点から，より長期的な目標と関係者・機関の対応や支援について記載する個別の教育支援計画を作成することが求められる。個別の教育支援計画は情報を共有し，連携して一貫した支援を実施するためのツールであると言える。支援体制の構築は，指導や支援を充実させるハード面の整備であり，両計画の作成は実施に関わるソフトであるといえる。

用語等の解説

※1　校内委員会とは，特別支援教育に関する児童生徒の実態把握や支援方法の検討などを実施する委員会であり，特別支援教育の推進の要である。

※2　特別支援教育コーディネーターとは，校内外の関係者に対する連絡・調整，保護者に対する学校の窓口などの役割を果たす教員である。

引用文献

〈1〉　文部科学省　2003　今後の特別支援教育の在り方について（最終報告）

3. インクルーシブ教育システム

- インクルーシブ教育システムとは，多様な幼児児童生徒の教育的ニーズに対応できる柔軟な仕組みのことである。
- インクルーシブ教育システムを推進する上で，合理的配慮や基礎的環境整備は必要不可欠な要素となる。

（1）障害者の権利に関する条約の批准

　日本がインクルーシブ教育システムを提唱するに至った背景には，2006年の国連総会において障害者の権利に関する条約が採択され，2007年に日本が本条約に署名したことが契機となっている。障害者の権利に関する条約の第24条には，教育に関する条項として，「他の者と平等に，自己の生活する地域社会において，包容され，質が高く，かつ，無償の初等教育の機会及び中等教育の機会を与えられること」「個人に必要とされる合理的配慮が提供されること」「学問的及び社会的な発達を最大にする環境において，完全な包容という目標に合致する効果的で個別化された支援措置がとられることを確保すること」などが明記された。

（2）インクルーシブ教育システムとは

　平成24（2012）年7月に，文部科学省から「共生社会の形成に向けたインクルーシブ教育システム構築のための特別支援教育の推進（報告）[1]」が示された。
　本報告書では，インクルーシブ教育システムについて，「同じ場で共に学ぶことを追求するとともに，個別の教育的ニーズのある幼児児童生徒に対して，自立と社会参加を見据えて，その時点で教育的ニーズに最も的確に応える指導を提供できる，多様で柔軟な仕組みを整備することが重要である。」と指摘している。インクルーシブ教育システムとは，通常の学級で学ぶことを視野に置きながら，多様な幼児児童生徒の教育的ニーズに対応できる柔軟な仕組みの上に成り立つ教育システムであるといえる。

（3）合理的配慮と基礎的環境整備

　インクルーシブ教育システムの実施にあたり，重要となる対応として「合理的配慮」とその基盤となる「基礎的環境整備」の充実が指摘されている。特に，

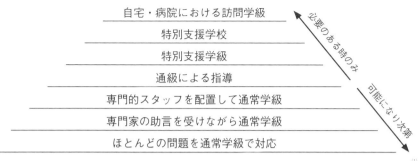

（文部科学省　2012）

図14-1　インクルーシブ教育システムの模式図

「合理的配慮」は，「学校の設置者及び学校が必要かつ適当な変更・調整を行うことであり，障害のある子どもに対し，その状況に応じて，学校教育を受ける場合に個別に必要とされるもの」であること，加えて「学校の設置者及び学校に対して，体制面，財政面において，均衡を失した又は過度の負担を課さないもの」と定義づけられており，学校が主体的に実施することが必要となる。

　また「合理的配慮」は，教育の本質や評価基準を変えるものではなく，障がいのある児童生徒等の能力・適正，学習の成果等を適切に評価するために行うものである。例として，「情報・コミュニケーション及び教材の配慮」（視覚を活用した情報を提供する。[写真や図面，模型，実物等の活用] 扱いやすい道具を用意したり，補助具を効果的に利用したりする。文章を読みやすくするために体裁を変える，拡大文字を用いた資料，振り仮名をつける，音声やコンピュータの読み上げ，聴覚情報を併用して伝えるなど）などがある。

引用文献

〈1〉　文部科学省　2012　共生社会の形成に向けたインクルーシブ教育システム構築のための特別支援教育の推進（報告）
〈2〉　文部科学省　2012　参考資料4：日本の義務教育段階の多様な学びの場の連続性
　　　https://www.mext.go.jp/component/b_menu/shingi/toushin/__icsFiles/afieldfile/2012/07/23/1321672_1.pdf

4．障がいをどのように捉えるか

- 障がいとは，個人レベルの問題ではなく，他者や社会との関わりの中で捉えることが必要である。
- ICF（国際生活機能分類）の障がいの捉え方を受けて，日本の障害者基本法の障害に関する定義も同様の意味づけがされている。
- 法律で規定されている合理的配慮は，社会的障壁の除去として位置づけられている。

（1）ICF（国際生活機能分類）

　ICF（国際生活機能分類）(1) とは，2001年5月のWHOの総会で採択された障害の捉え方・考え方を示したものである。ICFでは，障害を「心身機能・身体構造」の問題だけではなく，「活動」と「参加」といった3つの次元から状態像を捉える。またこれらの状態像は，それぞれ関連し合っており，個人因子や環境因子との関連によって変わりうるものであると考える。

　心身機能とは，心理的機能を含む身体系の生理的機能のことであり，身体構造とは，器官・肢体とその構成部分などの，身体の解剖学的部分のことを示す。活動や参加は，前者が課題や行為の個人による遂行を示し，後者が生活・人生場面への関わりである。もう少し簡単に言えば，活動とは個人でできることできないことを示し，参加はより個人レベルではなく，他者や社会との関わりの中でできていることできていないことということができる。

　つまり，ICFでは障害を個人レベルの問題として捉えるのではなく，社会との関係を含めて捉えるものであり，その人のライフスタイルや習慣，生育歴，対処方法，性格などの個人的な要因や身近な人や事物，社会の制度や構造，周囲の人の態度などの環境的な要因によっては，できることやできないことが変わるという見方である。

（2）障害者基本法における障がいの定義

　障害者の権利に関する条約の批准に向けて，平成23（2011）年8月には日本の障害者基本法が改正・施行された。現行の障害者基本法で示された障害者の定義は以下のものである。

健康状態（変調または病気）

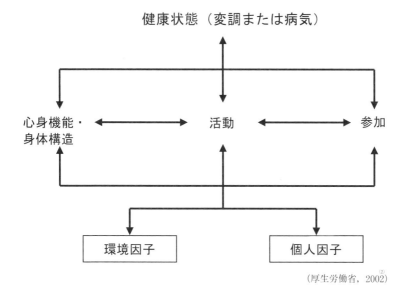

(厚生労働省，2002)[2]

図14-2　ICF（国際生活機能分類）における障害の捉え方

「障害者とは，身体障害，知的障害，精神障害（発達障害を含む。）その他の心身の機能の障害がある者，障害及び社会的障壁により継続的に日常生活又は社会生活に相当な制限を受ける状態にあるものをいう」

このような定義の改訂は，前述した発達障害者支援法と同様であり，現在の我が国の障がいの定義はICFの障がいの捉え方に強く影響されたものであると言える。このような社会的障壁（日常生活又は社会生活を営む上で障壁となるような社会における事物，制度，慣行，観念等と定義づけられる）を加えた障がいの見方はICF同様，障がいを環境要因を含めた社会との関係で捉えるというものであり，社会的障壁が障がいのある人の生活のしにくさを助長するということを示している。そのため「合理的配慮」は，社会的障壁を除去することであり，障がいによる不利益が生じないようにするための配慮として位置づけることが必要である。

引用文献
〈1〉　障害者福祉研究会（編集）　2002　国際生活機能分類（ICF）—国際障害分類改定版　中央法規出版
〈2〉　厚生労働省　2002　『国際生活機能分類—国際障害分類改訂版—』（日本語版）の厚生労働省ホームページ掲載について　http://www.mhlw.go.jp/houdou/2002/08/h0805-1.html

5．小学校までの具体的な理解や対応

- 複数の教員の目で気づきや実態把握を行い，情報を整理する。
- 支援を視野に入れた実態把握を行うために，問題となる行動だけでなく，問題となる行動が生じる（もしくは生じない）状況の情報を収集する。
- 指導や支援のポイントは，問題が生じるきっかけを取り去ること，代わりの手段を教えること，問題が生じていない場面で適切な振る舞いを教えること。

（1）気づきと実態把握

　小学校では学習面，注意や衝動性，コミュニケーションなどの側面について，支援や配慮が必要であると考えられる児童がどの程度いるのか，児童のどのような領域にニーズがあるのか等の実態把握を行うことが多い。このような実態把握は，児童自身が困難を示している領域に対する教員の気づきを促すという役割も果たしている。

　また，校内委員会などにおいて，児童の実態を共有し，複数の教員の目で検討するということも実施されるようになってきた。教員間で情報を共有することや複数の教員の気づきの情報を収集し，整理することは，「一人では見過ごしていた情報を得ることができる」「異なる視点から再度問題を捉えなおすことができる」「担当者以外も子どもの見方を学ぶ機会になる」「対応の仕方にバリエーションが生まれる」などのメリットがあり，児童の課題を明確にしたり，支援の方向性を検討したりすることに役に立っている。

（2）支援を視野に入れた実態把握

　支援を視野に入れて実態把握を行うためには，児童の困難さ，つまりどのような行動を示しているのかということだけでなく，どのような条件・状況のもとで，問題となる行動が生じるのかについて情報を整理することが基本となる。同時に，指導の手がかりとなる情報をより効率的に得るためには，子どもが示している問題や能力の限界，つまりどのような問題を起こす，何ができない，どこでつまずく等の否定的な情報だけでなく，いつどんな状況（どのような手だてがあれば）なら問題を起こさないのか，何ができているのか，どのように援助した時につまずかなかったのかといった肯定的情報を集めることが重要である。これらの情報

は，児童へのちょっとした関わり方の工夫や生徒が手掛かりとして利用しやすいもの，その児童に合った環境の調整の仕方などのきっかけを見つけるための重要な鍵となる。

（3）指導・支援のポイント

　指導・支援の基本的なポイントは，子どもの問題点を注意するということではなく，問題が生じるきっかけになっている事柄を見極めてきっかけをなくすこと，代わりとなる手段を教えること，問題が生じていない場面を利用して適切な振る舞い方を教えることである。

　たとえば，授業中に立ち歩くという行動を示す児童がいたとしよう。立ち歩きが増えるのが，"口頭での話が長い時"であったり，"問題が解けない時"であったりするということがわかれば，要点を書いて伝えたり，文章や絵を利用して伝えたり，"わからない時には手を挙げて質問する"や"わからなくなった時や落ち着かなくなった時には先生にサインで伝える（周囲の子に知られることに抵抗があるなら）"など，子どもから発信する手段をあらかじめ用意しておくこととで立ち歩く必要がなくなるかもしれない。

　また，問題が生じた時に，「立ち歩いてはいけません」「静かにしなさい」と言うことだけでは問題が解決しないことが多い。立ち歩いていない時に，「がんばっているね」と褒めたり，質問した時に「質問できて偉かったね」と伝えたりすることで，適切な振る舞い方を学ぶ機会になる。発達障がいのある児童は，普段から注意されたり，しかられたりする機会が多くなりがちである。その結果，注意されることに"反発"したり，"できない""わからない"ということを学んでしまったりすることが多い。また，注意することによって適切な行動が生起してはじめて教師の注意が意味をもつことができる。しかしながら，教師の注意の後に"課題に取り組む""座る"という行動が生じてこなければ，これらの指示や注意はその役割を失う。大事なことは，できる状況の下で適切な振る舞い方を学べるように働きかけるという視点である。

6．中学校以降の具体的な理解や対応

重要ポイントの整理

- 小学校もしくは中学校からの情報の引き継ぎや教科担任制の特徴を生かした教員間の情報の共有が求められる。
- 二次的障害の予防のために，できるだけ早期に対応できるように支援体制を構築すること，本人を支援に巻き込み自己理解を促すことが重要である。

（1）情報の引き継ぎと実態把握

　中学校や高等学校の段階になると，小学校や中学校時代に個別の指導計画等を作成し・対応されてきた生徒もいる。しかしながら，行動上の大きな問題がないために，見過ごされていたり，疑いがあっても十分な対応がされていなかったりすることもある。そのため，何事にも自信をなくしていたり，気持ちが落ち込みやすかったりすることも少なくない。また，対人関係を築く難しさや特定の科目に対する苦手さなど，課題が解決されないまま進学してくることが多い。小学校や中学校からの公的な情報の引き継ぎだけでは不十分なことも多いため，個別に前席校に連絡することも含めて，これまでの対応について情報を収集し，整理することが重要である。

　また，中学校や高等学校は，教科毎に教員が異なる。そのため，生徒の状態や支援として必要な事柄が共有されていないと，対応がまちまちとなり生徒が混乱することになりかねない。対応についての情報を共有するためのシートなどを作成したり，個別の指導計画を作成したりすることで情報を共有し，有効な対応についての情報を蓄積することが必要となる。シートに書き込む内容としては，どのような状況（声かけの仕方やタイミング，環境の設定，情報の提示やフィードバックの仕方など）であれば，生徒がうまく行動できたかについて書き込むことが有効だろう。生徒の課題や問題点を共有することも配慮すべき事柄として重要な情報であるが，どのような状況を作れば生徒がうまく行動できたのかという情報が有効な対応を考える際のヒントとなる。

（2）二次的障害と予防的な対応

　思春期や青年期になると，障がいに起因する特徴だけでなく，これまでの対応が適切でなかったことから生じる二次的障害を併せ持つことがある。二次的障害

は，心因的な問題から，自信を喪失していたり，無気力な状態であったり，不安が強かったりするだけでなく，重症になると気分障害や不安障害，摂食障害等の精神疾患として診断されることもある。また，誤った問題解決の方法として，騒いだり問題を起こすことで周囲の注意を引くことを学んでいたり，暴力で自分の欲求を満たすことを学んでいたりすることもある。

　そのため，教員間の連携を図り，できるだけ早い段階で対応できるように同僚や保護者もしくは本人に働きかけられる体制を築くことが特別支援教育コーディネーターの大事な役割となる。問題が顕在化してからの対応は大きな労力をはらうが，早期の段階で対応することができれば労力はそれほどかからないことが多い。場合によっては，医療機関等の関連機関と連携しながら，生徒を支えられる支援体制を構築することが求められる。

（3）指導・支援を通して自己理解を促す

　中学生・高校生段階になると，当該生徒が理解しやすくなる方法やイライラしたときの対処法などを本人と一緒に考えられるように支援を構築することが重要である。本人が自分の特性や適性に気づき，かつ対処する方法を学ぶことは，学校卒業後の生活につながる重要な支援である。自己理解は，障がいについて理解するということではなく，年齢や立場に応じたコミュニケーションの仕方を学んだり，自分の苦手なことや得意なこと，また苦手なことに対する対処スキルを学んだりすることを通して自身の特性を理解することである。

　そのためには，今自分が目標としていることを知っていること，うまくできたときには気持ちが楽になったり，次への励みになって前向きな気持ちになったりする経験が持てること，うまくできないときにはどんな工夫や周りからの支援があるとできるようになるかを他の人と一緒に考えることを通して，成功した経験を持つことが必要となる。目標の自覚と定期的な振り返りは，自分の特性に気づき，それを受け入れ，どのように対処すればいいのかを学ぶ機会となる。個別の指導計画を作成する際に，本人と一緒に目標の設定や手立てについて考えることが，自己理解を促すポイントとなる。

第15章

子どもの精神医学的課題

1．子どもを心身両面から理解するために

- 子どもの心は，周囲の状況に応じてその子なりの一定幅での変動している。援助者は，その時その時の心を評価しながら関わり続けていく。
- 子どもの心を，①知能，②社会性（対人コミュニケーション・こだわり・不注意・多動性および衝動性），③性格（パーソナリティの発達および逸脱）の三次元で立体的に理解すると見立てやすい。
- 子どもの身体症状は，言葉で表現されない心の抗議である心身相関が背後に隠れている場合がある。

（1）子どもの見立て

　子どもの心は，その身体症状と同様に変動しやすい。そのため見立てを固定せず，常に見直していく必要がある。

　子どもの心を①から③の三次元で，立体的にイメージするとわかりやすい。

①知能：暦年齢相応の知能があるかどうか，常に疑いを持ちながら観察し評価していく。12歳以上なのに12歳に達していない，あるいは12歳未満であるがその歴年齢に達していない場合は，知的発達症（DID）を念頭に置き対応する。必要なら同意を得た上でWISC-Vなどの知能検査実施を検討する。

②社会性：暦年齢相応の社会性があるかどうか，常に疑いを持ちながら観察し評価していく。社会性は，以下に述べる1)〜4)から作図される四角形のレーダーチャートをイメージするとわかりやすい。

　1) 対人コミュニケーションを把握する。空気が読めるか，人の気持ちがわかるか，視線が合わせられるか，表情や身振りなど非言語交流を理解し使用するか，年齢相応の仲間関係を持つかなどを観察する。

　2) こだわりを把握する。限局的反復行動ともいわれるが，癖になっている身体運動や物の使用，儀式的行動，限局し執着する興味がないかを観察する。

　3) 不注意を把握する。見過ごしや不正確活動，注意持続困難，話を聞かない，指示に従えず遂行困難，順序立て困難，持続した精神的努力を要求する課

題回避，紛失，気が散りやすさ，忘れやすさなどを観察する。

4）多動・衝動を把握する。不用な動き，離席，静かに遊べない，じっとしていない，しゃべりすぎる，相手の質問の終わる前に答え始める，自分の番を待てない。他人を妨害し邪魔するなどを観察する。

③**性格**：成長途中で流動的な性格のありようを常に把握していく。精神分析学の考え方から，構造，機能，発達，防衛機制の4指標に注目するととらえやすい。

1）心の構造を把握する。衝動的で快楽追及に動くイド，禁止や善行命令する超自我，現実的にイドと超自我を取り持つ自我，以上の3つの割合をみる。

2）心の機能を把握する。その質の評価には，心の理論による「サリーとアン課題」のような誤信念課題，他者や自分自身の行為をその背景にある心的状態（感情，思考，信念，欲望など）との関連で読み取る能力を指すメンタライゼーション，他人と良好な関係を結ぶ力と困難状況の跳ね返しや回復の能力を指すレジリアンスなどが有用である。量の評価には，省察機能査定[1]が使える。

3）発達段階を把握する。特に自己愛と関係する口唇期性，自我理想形成関係する肛門期性，対象愛と関係するエディプス期性の状況について観察する。発達段階の評価は次に述べる退行固着の理解にも重要となる。

4）防衛機制の使用状況を把握する。防衛機制については，第6章を参照。

（2）子どもの心身相関

多面的な評価が必要で，特に背景の家族や学校，地域社会について理解する。心と身体の関係性を理解するための2つのものさしがある。

①**退行と固着**：退行とは，より幼い発達段階への逆戻りであり，一瞬の逆戻りで済めば日常生活では問題とはならない。固着とは，特定の発達段階へのこだわりである。退行と固着が組み合わさって，症状が出現する状況を理解する。たとえば，口唇期では拒食，過食，肛門期では下痢や便秘などの症状である。

②**欲動の脱関係性**：欲求が心の構造の中で関係性を失い混乱し，何を望むかが隠されて，症状が出現する状況を理解する。悪性腫瘍，難病，虐待や愛着障害等において見られる。

引用文献

〈1〉　ミッジリー・エンシンク・リンクビスト・マルバーグ・ミューラー　2021　メンタライジングによる子どもと親への支援―時間制限式MBT-Cのガイド　北大路書房

2．子どもの精神医学的課題と特徴

重要ポイントの整理

- 子どもをめぐる概念の多様性を理解する。
- 精神医学的診断基準について理解する。
- 子どもを知るための質問と症状が持つ裏の意味を知っておく。

（1）子どもをめぐる概念の多様性を念頭にした他職種との連携が重要である

　児童とは，医療や福祉では児童福祉法による18歳未満をさすが，教育において は学校教育法による小学生のことである。

　小児とは，小児科にとっては中学生までであることが多い。一方精神科や内科 などにとっては中学生以上になれば小児科へはあまり紹介していない。

　立場によって，子どもをめぐる概念は多様であることを念頭に自分とは異なる 他職種と関わらなければならない。

　2022年民法改正により成人年齢が18歳に引き下げられた一方，健康面への影響 や非行防止，青少年保護等の観点から飲酒や喫煙，競馬などの公営競技に関する 年齢制限は，20歳に据え置かれている。

（2）精神医学的診断基準とは何かを知っておく

　事例を考えるうえでどういう状態から精神疾患と呼ぶべきかには悩みが多い。 心の状態は，健康から連続した異常すなわち精神疾患との間で，個人によってそ れぞれある幅で変動しているように見える。どんなに健康な人でも過大な負荷が かかれば多少は病的な心の状態になるし，明らかに精神疾患を持つ人でも，負荷 がまったくなければ一見健康な心の状態であることもありえる。一方かなりの負 荷がかかっても健康に留まり続ける人もいるし，まったく負荷がかからなくても 異常なままの人もいる。そのため精神疾患の診断は，普遍性をめざして，一定の 基準群を満たすと疾患と定義することになっている。

　ある一定の精神状態に対応する精神疾患の診断基準には，米国精神医学会によ る『DSM-5-TR精神疾患の診断・統計マニュアル[1]』と『ICD-11世界保健機構 WHOによる国際疾病分類』が用いられている。証拠に基づいた精神医学として 治療成績にも直結する多数の研究を背後にもつDSMは精神科臨床場面では頻用 され，一方国際比較を含む公的統計や行政のためにはICDが使用される。本章で

はICDを用いるが，DSMとICDには相違もあるので，事例で使用する診断基準がどちらか，連携において多職種間で共通理解が必要である。

（3）子どもへの質問のこつと症状への理解を深める

困難な状況にある子どもほど，寡黙であって，語る内容も十分でない。その子どもに応じた言葉を用いて，できるだけ味方になりたいと伝える必要がある。「願いをかなえてもらうとしたら何をお願いする？　きみはどんな夢を見た？　どんな子が友達だったらいい？　きみのお母さんのこと教えてくれる？　お父さんのことも教えてくれる？」など，問題の核心からではなく，その子が答えやすいものをまず聞く。本人の答えから展開して，情報収集を決して焦らない。

症状には多面的な意味がある。カナー[(2)]（Kanner, L.）による入場券としての症状を含む多面的な理解と退行固着の理解が重要である。

①**入場券としての症状**：子どもは，1つの症状や問題行動をたとえば入場券として，教師や治療者などの前に現れると理解するのがよい。カナーによれば，入場券に加えて，SOS信号の表出，さらなる状況悪化防止としての安全弁，問題解決の手段，厄介事として周囲との関係性への操作などがその症状や問題行動が意味するものだという。この最初に示された症状や問題行動のさらに背景に，重要な問題が隠れている場合がある。入場券としての症状が消失したからといって，援助中止することは避けるようにしたい。表面的に解決したように見えても，背景にある真の問題を見落としてはならない。

②**症状の発達論的理解**：すでに子どもの心身相関で述べた，退行固着や欲動の脱関係性を理解するようにする。なぜその症状が，アピールとして表現されたのか仮説として見立てていくことが重要である。経過で仮説を書き換えることもあるので，臨機応変にとらえる必要がある。

引用文献
〈1〉　American psychiatric Association　2023　日本精神神経学会監修　DSM-5-TR™精神疾患の診断と統計マニュアル　医学書院
〈2〉　カナー　1974　黒丸正四郎・牧田清志翻訳　カナー児童精神医学第2版　医学書院

3．医療と学校の連携

重要ポイントの整理

- 医療も学校も，子どもの側，親の側にいようとするので連携には困難がある。
- 医療と学校は直接連携できないので，子ども本人や親を介し適切に連携する。
- 連携困難事例には，抱え込みや任せっきり，押し付け合いなどがある。

（1）医療と学校の連携に必要な基礎知識

　医療は学校より患者サイド，学校は医療より児童生徒サイドにいる。医療が治療よりも学級運営を優先することはない。学校は，教育よりも必要な治療を優先することはできるが，100％治療優先ではなく，教育の重要性も常に考えているはずである。学校側からすると，子どもの主治医は子どもの味方であって学校の現状に理解が乏しく，場合によっては他の子どもとの公平性に欠く教室で実行不能な要求や指示がなされるのではとの危惧が拭えない。

　受診している個々の子どもにとっても，医療と学校それぞれに対する距離感は違っていて当然であり，学校に対する医療状況報告と医療に対する学校状況報告が主観的で，差異があって当然である。本人が意図しない場合でも，間に人が入って聞くこととなれば情報は変質して伝わることになる。加えて個人情報保護の観点から，生命や身体の安全を守るため緊急かつやむを得ない場合を除いて，医療と学校間での情報共有には子どもや家族の同意も必要になる。

　以上から子どもやその親が同席しない状況での医療と学校の直接連携は難しい。同席での連携が望ましいが，医療も学校も多忙で現実的には容易ではない。

　互いの立場や限界を理解しながらの連携が重要となる。学校から親に対して，医療より学校がすべき望ましい対応について診断書に意見を述べてもらうようにする。その際，学校での本人の状況や学校が提供できる支援の限界についても事前に医療に伝える必要がある。医療側と学校側双方の事情が許せば，医療の外来通院時に，学校側も同席し主治医と直接意見交換ができるとよい。

　特に子どもやその親が医療か学校のどちらかと不適切な関係になっている場合には，間接的な連携はさらに難しくなるので，医療の外来での同席による相互理解を含めた直接連携は必須である。まだ医療と関わりのない子どもの場合には，学校の事情に明るい医師を選んでもらうよう家族に情報提供することが重要である。児童思春期を専門とする小児科や精神科医師，心療内科医師，婦人科医師な

どの存在は心強い。医師本人が児童思春期専門でなくても，その医療施設に社会福祉士か精神保健福祉士がいれば，離れた児童思春期専門機関との連携によるコンサルテーションも必要に応じて検討してくれる可能性がある。こうした状況を医療機関のホームページで確認する必要がある。

いずれにしても，学校側と同じく医療側も極めて多忙であることを，お互いに理解し合い，限界設定を明確にして，できもしない絵空事の理想を現実にできるとして勘違いすることなく，お互いの可能な範囲で，当事者である子どもにとって最大のメリットとなる連携になるよう努力していくべきである。

（2）連携困難事例への対応

連携困難事例においては，子ども本人やその家族の抱える困難さが著しいことがある。さらに元々の困難さに加えて，抱え込みや任せっきり，押し付け合いなどが医療と学校の間で起こると連携困難の度合いは増す。医療と学校の間に，こうした混乱が起きていないか注意する必要がある。

必要時に有効に連携できるよう，普段から関係を持っていることが重要である。普段から学校での特別活動や研修の機会を逃さず，そこに関わる関係者との連携作りをしていく必要があり，積極的な情報共有やネットワーク作りのためのチャンネルを常に意識して医療と学校の連携をスムーズにしていくとよい。

小児科では，発達外来，小児神経外来，小児精神科外来，小児心療外来，小児保健外来などのキーワードや子どもの問題に関連する記載がホームページにあれば期待できる。医師の経歴の紹介の欄にも注目する。

精神科では，児童思春期外来，子ども外来などのキーワードや不登校などの記載，カウンセリングやデイケアの記載も期待できる。医師経歴にも注目する。

心療内科では，児童思春期外来，摂食障害外来，喘息外来，肥満外来などの子どもの問題に関連する記載がホームページにあれば期待できる。カウンセリングが実施されているとさらに期待できる。医師の経歴にも注目する。

参考文献
・高宮靜男　2021　学校で知っておきたい精神医学ハンドブック　星和書店

4．学校・教師ができること

- 学校の人的資源に即した無理のないチーム支援を提供する。
- 教師がその子どもに無理なく提供できる範囲での支援を提供する。
- 気付き，周りにつなげて自分1人ではなく，複数で支援を提供する。

（1）学校・教師ができる支援を提供する

　学校ができることを考えるうえで，その学校の過去の事例対応の歴史が重要である。基本的にはできてこなかったことは，今もできない可能性が高い。過去にあった類似事例経験が思い出せない場合には，勤務経験の長い教師に尋ねてみるしかない。ただし管理職が代わり，学校運営が一新されている状況であれば，新たな事例対応原則を作り上げていく必要がある。

　いずれにしてもその学校の人的資源に即した無理のないチームでの支援を提供する必要がある。担任や部活指導，保健室などの個々の場において1人の教師が個別に対応するのではなく，複数の支援者から構成された一致した方針の下でのチーム支援ができるようにする。個々の支援者へのサポート状況にも常に配慮するために，学校管理職もチーム支援に加わるべきである。学校外機関との連携開始時や家族との折衝において，学校管理職の同席はその後の展開をスムーズにする働きがある。

　教育委員会や総合教育センターでの顧問精神科医としての筆者の経験から，多くの教師は，それぞれ自らの能力の限界を超えた支援を，当事者である子どもやその家庭に提供していることが多い。聖職としての教師の善意と使命感に感銘し，頭の下がる思いを抱くことが稀ではない。

　しかしながら，教師の能力を超えた支援を展開した結果，それ以上身動きが取れない，あるいは結果的に逆効果な状況に陥っていた場合も稀ではない。一時的にできる最大限の能力と，継続して提供し続けられる能力とは異なることを常にわきまえるべきである。陸上競技にたとえれば，支援は長距離走でなければならない。常に余力を残し，未来のラストスパートに備えず，無駄に全速力を出すことは賢明とはいえない。もちろん主たる支援当事者として主演を張らなければならなくなると状況が見えなくなることも多い。そこでチーム支援を共に提供している誰かが，ブレーキをかける必要がある。

（2）支援を提供するための基本を理解する

　一番困るのは，支援が必要な子どもの存在が気づかれないことである。あるいは，存在に気づかないふりをしているか，目をつぶっているように見える場合である。自分にはできないから誰かがやってくれるだろうといった無責任と他人任せも珍しくない。この状況は，悪貨が良貨を駆逐するように学校内で伝染する場合があり，その結果として学校間格差を生んでいる。同じ状況であるにも関わらずA校では支援が受けられ，B校では受けられていないことはよくある。背景にはB校の伝統に加えて，相互サポートの欠如や教職員同士の過度の独立尊重や無干渉などがある。

　気づくこと，自分だけでなく誰かにもつなげることが基本であり重要である。普段と違う状況を敏感に感じ取る気づきを持ち，孤立することなく適切で必要十分なつながりある対応をすることが大切である。そのうえで，その子どもに対して無理なく，必要と思われる期間中継続して提供できる範囲での支援を提供するようにする。その際，使命感におぼれて根拠のない万能感に左右されないような，客観的な自己観察も同時に必要になる。

　医学的知識はもちろんあったほうがよいが，正しく適切な知識でないと逆効果になる。ネット検索やChatGPT，テレビの健康番組などからの情報は，その子どもには不適切な内容を含む場合がよくある。教育委員会等の主催による信頼のおける研修を積極的に受講し，最小限でよいから必要十分で正しい知識を常に持ち続けられるよう研鑽を継続する必要がある。

　結局のところ，その学校やその教師に応じたできることを必要十分に行っていくしかない。自分1人とか校内だけで抱えようとせずに，学外の教育委員会，総合教育センター，大学教育学部教員，児童相談所，児童思春期を専門とする医療機関などとの連携や外部委託を上手に利用することが求められる。

参考文献
・鎌倉利光・藤本昌樹編著　2017　子どもの成長を支える発達教育相談第4版　北樹出版

5．小学校までの具体的な理解や対応

- 愛着の評価に加えて，虐待の可能性を常に念頭に置く。
- 子ども本人以上に，家族に支援が必要な場合が多い。
- 小学生までに特徴的な精神医学的問題を理解する。

（1）愛着と虐待の問題を重視する

　対人関係の親密さを表現する愛着行動パターンが，安定しているかどうか評価する必要がある。安定した子ども本人は，安心感を維持しながら適切かつ容易に援助を受け入れられる。一方不安定の特徴として，回避，不安，混乱のどの要素が多いかによって不安定な子ども本人を刺激しすぎない対応をする。愛着行動パターンが動揺する例として，同胞関係の問題がある。弟妹の誕生後数か月以内に対抗意識や嫉妬がみられるようになり，親の注意や愛情を巡って弟妹と激しく競い合い，敵意，いじわるや傷害，分け合うことや親密な関わりの拒否，弟妹への否定的言動などがみられる。退行し赤ん坊のようになったり，反抗やかんしゃく，不機嫌不眠なども起こり，眠るときに親の見守りを強く要求したりする。治療は，両親のカウンセリングと本人のプレイセラピーが中心となる。

　身体的虐待だけでなく，隠ぺいされやすい性的虐待や心理的虐待，ネグレクトの可能性を常に疑ってかかる必要がある。虐待の可能性が少しでも疑われれば，児童相談所への通告と支援依頼が大切になる。愛着や虐待の問題を抱える子どもへの支援においては，子ども本人以上に家族へ対して福祉による心理的経済的な支援が必要である。

（2）小学生までに特徴的な精神医学的問題を具体的に理解する[1]

　神経発達症については，第14章を参照してほしい。自閉スペクトラム症（ASD）や注意欠如多動症（ADHD）を見逃さないことが大切である。

　愛着障害には，反応性アタッチメント症と脱抑制性対人交流症がある。反応性アタッチメント症では「凍り付いた用心深さ」と表現される，励ましても効果のない恐れと過度の警戒が特徴で，社会的相互交流に乏しく，自傷他害も時としてみられ，自己効力感を欠く。5歳以前の不適切な養育があり，孤児，虐待やネグレクト等が多い。別離と再会の折に，矛盾した様子が観察される。視線をそらせ

ながら近づいてきたり，関わっている時にもあらぬ方向をじっとみていたり，相反する反応を同時に示す。治療は，不適切養育者との分離も含め適切な養育環境の提供を福祉主導で検討すべきである。脱抑制性対人交流症では2歳頃まで誰にでもべったりくっつき，しがみつき，抑制できずに無選択的に愛着行動を示す。4歳以降には，相手構わずの愛着は残るが，注意を引く行動，見境なく馴れ馴れしく親しげな行動などがみられる。仲間との相互信頼関係構築が困難である。見た目に明るく元気なため，虐待による心理的障害が隠蔽されやすい。治療は，適切な養育環境の提供である。

　分離不安症では，幼児期において母親などからの分離の恐れが不安の中心となる。小学校以降の不登校では，子ども社会からの撤退により母親など特定少数の関わりだけになり，退行し原因でなく結果として分離不安を示す場合もある。治療は，プレイセラピー，両親への面接，家族療法などを行う。

　場面緘黙では，言語の正常な理解能力や表出能力があり，母親との限られた場面などでは正常に話せるのに，学校で友達とは話せない。幼児期に出現し，入園入学を契機に顕在化しやすい。治療は，非言語的交流から始める。プレイセラピー，卓球，バトミントン，トランプ，ゲームなどが行われる。まずは無理に話さなくてもよい家以外の場所が必要である。次に家族療法や行動療法などが用いられる。自然治癒を期待しての経過観察だけでは不適切である。

　恐怖関連症では特定の事物や状況，ある動物，高所，雷，暗闇，閉所，空間，とがった物，試験などによって強い不安が誘発される。治療は，暴露反応阻止法などと薬物療法が中心となる。

　心身症としては，起立性調節障害，心因性反復性腹痛，機能性嘔吐症，気管支喘息，チックなどがある。身体的治療に加え心理的治療の併用が必要となる。

　小学校高学年では，幻視を特徴とする統合失調症がみられることがある。

引用文献
〈1〉　神庭重信ほか　2021-2022　連載ICD-11「精神，行動，神経発達の疾患」分類と病名の解説シリーズ　日本精神神経学雑誌，123(1)-124(12)

6．中学校以降の具体的な理解や対応

- 家族よりも子ども本人による要因が問題となっていることが増えてくる。
- 成長により子ども本人の学校適応技能への要求水準が高まっている。
- 中学校以降の特徴的な精神医学的問題を理解する。

（1）中学校以降では本人による要因が問題となる

　小学校時代に比べ，本人要因が問題となることが増える。成長により学校適応への技能的要求水準が高まり，要求に追いつけず不適応となりやすい。

（2）中学校以降に多い精神医学的問題を具体的に理解する[(1)]

　適応反応症は，ストレスになる出来事あるいは生活変化の発生から1か月以内に発症し，情緒面で抑うつや不安，行動面で不登校や行為の問題を示す。困難終結後6か月程度で終息する。新しい学校に入学して起こる小1プロブレム，中1ギャップ，高1クライシス，登校渋りや不登校の背景によくある。治療は，不適応原因を除去できればよいが，原因に対する認知が変わっても改善が期待できる。プレイセラピー，家族への心理教育，認知行動療法が有効である。続発した抑うつや不安には薬物療法が必要となることも多い。

　解離性神経学的症状症では説明できない運動機能や感覚機能の障害を示す。医学的にありえない麻痺や視覚障害，聴力障害，発声障害，痙攣などのどれかがみられる。治療は，プレイセラピーや精神分析療法などを行う。

　解離性同一性症では1つの人格のまとまりや連続性が失われる。記憶喪失や記憶のない外出，周囲の刺激に対する反応低下などがみられる。無意識的な自我の防衛反応と言える。虐待被害者に多く見られ，多重人格になる場合もある。治療は，背後のつらい体験を想定しながら，プレイセラピーなどを行う。

　パニック症では，予知できない反復性の重篤なパニック発作がみられる。危険がない状況でも突然不安になり，通常数分間持続し，動悸，窒息感，めまい，非現実感を伴う。そのため死や精神的破綻への二次的恐怖がさらに起こる。また起こるのではという予期不安が生じ，パニック発作に関係しそうな状況を回避するようになる。治療は，薬物療法と認知行動療法が併用されることが多い。

　社交不安症では，周囲からの注視に恐怖と回避を示すため，社会的交流に重大

な制限をきたしている。低い自己評価と批判恐怖があることが多い。不安の二次的身体表現として，赤面，発汗，手の振戦，嘔気，尿意頻回，下痢などを伴うことがあり，これらの症状を主と考えて身体的な疾病に固執している場合も多い。治療は，薬物療法，認知行動療法などを行う。

　強迫症では，おかしいとわかっている強迫観念が頭に浮かび他の考えが妨げられたり，ある不要な強迫行動を実行しないと気がすまなくなり他のことができなくなる。汚染したという強迫観念からの手洗いに執着したり，自傷他害するという強迫観念から引きこもりになったりする。子どもの場合，強迫観念を言語化しない場合も多く，過剰な洗浄，清掃や整頓，確認，数かぞえ，反復などの強迫行動が周囲の関係者を巻き込んで持続しやすい。治療は，薬物療法に認知行動療法が併用されるが，入院治療により家庭環境から離す場合もある。

　心身症には，過敏性腸症候群，摂食障害などが見られるようになってくる。

　素行・非社会的行動症では反復持続する攻撃的な行動様式により，他者に与える苦痛や危害が問題となる。対人や対動物への暴力，物の破壊，だましやおどし，盗み，怠学や家出などがみられる。治療には，まず児童相談所を中心とした多職種連携の構築が必要である。

　統合失調症は，考え方のまとまりのなさ，幻聴や幻視などの幻覚と修正不能な非合理な考え方である妄想が特徴である。児童では発達障害に近い症状を呈する場合が少なくない。治療は，薬物療法が中心となる。

　抑うつ症では抑うつ気分またはイライラ気分，何も語らないがかんしゃくを示したりする。集中力や意欲が低下するので，成績も落ち，今までの楽しみにも興味を示さない。治療は薬物療法と認知行動療法などを行う。

　双極症では高揚感，尊大，多弁，元気ありすぎの空回り，病的開放感，易怒的，押さえられない買い物，性的無分別などの躁状態とうつ状態がある。治療は，薬物療法と入院治療の検討が必要である。

引用文献
〈1〉　神庭重信ほか　2021-2022　連載ICD-11「精神，行動，神経発達の疾患」分類と病名の解説シリーズ　日本精神神経学雑誌，123(1)-124(12)

学校危機

1．学校の安全指導

- 学校における安全指導の目的は，児童生徒及び教職員の命を守ることである。
- 危機管理は，①事件・事故の未然防止，②発生時や自然災害の際に被害を最小限に抑えること，③迅速な通常日課の再開および再発防止という事前・発生時・事後の３段階の対応が必要である。
- 「危機管理マニュアル」は，社会情勢や教訓，最新の情報を踏まえ，適宜，見直しをすることが重要である。

（1）学校保健法から学校保健安全法へ

　2001年６月，大阪教育大学附属池田小学校での児童殺傷事件により８人の幼い命が奪われ，多くの児童が心身に大きな傷を負った。子どもの命を守り，より安全で安心な学校づくりをめざすため，2008年に学校保健法が一部改正され，学校保健法から学校保健安全法に改められた。同法では，「学校における児童生徒等及び職員の健康の保持増進を図るため，学校における保健管理に関し必要な事項を定めるとともに，学校における教育活動が安全な環境において実施され，児童生徒等の安全の確保が図られるよう，学校における安全管理に関し必要な事項を定め，もつて学校教育の円滑な実施とその成果の確保に資することを目的とする」と定めている。

　なお，学校安全については，①子どもの安全を脅かす事件，事故及び自然災害に対応した総合的な学校安全計画の策定による学校安全の充実，②各学校における危険発生時の対処要領の策定による的確な対応の確保，③警察等関係機関，地域のボランティア等との連携による学校安全体制の強化について明記されている。

（2）危機管理マニュアル

　学校保健安全法では，各学校において，学校安全計画及び危険等発生時対処要領（以下「危機管理マニュアル」）の策定を義務付けるとともに，地域の関係機関との連携に努めることとしている。また，社会情勢や教訓，最新の情報を踏ま

え，適宜，見直しを行うことが求められている。

　危機管理の目的とは，①児童生徒及び教職員の命を守る，②危険を早期に発見し，事件・事故の発生を未然に防ぐ，③万が一，事件・事故，自然災害が発生した際には，適切かつ迅速に対応し，被害を最小限に抑える，④事件・事故の再発防止および教育の再開に向けた対策を講じることである。なお，目的を達成するためには，勤務校の課題を補う危機管理体制を想定し，保護者・地域社会・関係機関との連携を図っていくことが求められている。

（3）具体的な取り組み

①事前の危機管理（未然防止／リスク・マネジメント）

　危機管理に関する最新の情報を収集しつつ，過去の対応事例の課題を検討する。具体的には，緊急連絡体制やマニュアルおよび文書の整備，校内の施設・設備点検，研修・訓練・安全教育の実施などを行う。

②個別の危機管理（発生時の対応／クライシス・マネジメント）

　児童生徒および教職員の命を守り，被害を最小限に抑えるため，冷静に適切かつ迅速に行動する。初動時には状況把握に基づいた応急的処置的な対応となるが，学校内外の専門家とも連携した組織的対応へと移行させていく。

③事後の危機管理（再発防止に向けて／クライシス・マネジメント）

　危機発生時の対応を検討，評価し，再発防止に向けたより安全で安心な対応を図っていく。日頃の児童生徒の様子や学校生活（来校者，連絡網，定期的巡視，登下校，行事，危険地図，避難経路など）を再度見直すことで，より良い危機管理対応が明確になっていく。

引用文献

〈1〉　学校保健安全法　2023
　　https://elaws.e-gov.go.jp/document?lawid=333AC0000000056

参考文献

・文部科学省　2016　文部科学省 × 学校安全
　　https://anzenkyouiku.mext.go.jp/

第16章

2．危機と予防

- 学校危機はいつでも誰にでも起こり得る事象であり，発達早期にすべての人が集まる学校での予防教育が求められている。
- 予防は，一次予防，二次予防，三次予防の３段階に分かれる。
- 様々な予防教育があるが，それぞれの効用と限界，対象者や集団の特性を理解したうえで実施し，日常生活に根づいていかせることが重要である。

（1）リスクとクライシス

　子どもを巻き込んだ事件・事故・自然災害が頻発しており，教職員には２つの段階的対応が求められる。１つめは，危険の早期発見と発生の未然防止により，学校にいるすべての人の安全を確保すること（リスク・マネジメント），２つめは発生時の適切かつ迅速な対処により被害を最小限に食い止め，事後措置も怠らずに対応すること（クライシス・マネジメント）である。

（2）様々な危機と予防

　主な学校危機に，①健康（インフルエンザ，アレルギー，食中毒），②登下校（交通事故，不審者），③学習活動（学習，特別活動，部活動），④問題行動（いじめ，非行，不登校），⑤災害（地震，津波，台風，家事），⑥教職員（不祥事，事故，健康管理）などがある。近年では収束しづらい新型コロナウイルス感染症が，学校や教育のあり方に非常に大きな影響を与えている。学校危機はいつでも誰にでも起こり得る事象であることがうかがえる。山崎らは「すべての人が将来問題を持つ可能性があることを想定し，生活習慣病やいじめ，問題への抜本的対策としては最も効果が望める予防はユニバーサル予防である。発達段階の早期にすべての人が集まる『学校』は，ユニバーサル予防を円滑に実施できる可能性が高い」と指摘している。予防は，３段階に分かれる。

一次予防 (prevention)	未然予防。リスク要因を事件・事故に結びつけないようにする。学校危機対応は管理職主導であるが，組織として平時より準備や研修を通して理解統一を図る。子どもや保護者へ予防教育を実施する。
二次予防 (intervention)	危機介入により被害を最小限に留める。子どもの様子とタイミングを見ながら心理的応急処置（psychological first aide）を実施し，教員へはコンサルテーションにより間接的に心理的ケアを行う。

三次予防 （postvention）	回復と再発防止のため，対応の振り返りを行う。今後の中長期的支援についても検討し，心のケアや進路相談体制の充実を図る。

（3）学校危機の発生時

①初期段階の対応と早期の介入

児童生徒の安全を確保し，管理職は校内連携型危機対応チームを招集し，校外専門機関への支援要請の判断を迅速に行う。報道機関等の対応も管理する。

②中・長期の支援

本来の学校生活に戻っていくことを目指し，当日・翌日・1週間後・1か月後・学期末・学年末の継続的支援のあり方を検討していく。心のケアは，個人・少人数・学級・学年・全校単位と多様な取り組み方が選択できるようにする。

③再発防止への取り組み

安全管理の見直しと徹底，安全教育の強化，危機管理体制の見直しと一層の整備を進める。調査結果を検証し，社会に還元することが再発防止につながる。

（4）防災教育

2011年3月の東日本大震災では，学校関係者の死者・行方不明者が700名を超えている（文部科学省，2013）[2]。「自分の命は自分で守る」という意識を自発的にもち，防災に関する基本的知識を身につけ，日頃から備えていく。

（5）ライフスキル教育

世界保健機構（WHO）による自己実現のための教育プログラム。発達段階に応じたライフスキルを身につけ，薬物，性行為，中退等の課題に対処する。

（6）サイコロジカル・ファースト・エイド（PFA/心理的応急処置）

深刻な危機的出来事に見舞われた人々に対し，支援者が心理社会的支援を提供するときのガイドライン。WHO以外にも複数のバージョンが出版されている。

引用文献
〈1〉　山崎勝之・戸田有一・渡辺弥生　2013　世界の学校予防教育—心身の健康と適応を守る各国の取り組み　金子書房
〈2〉　文部科学省　2013　学校防災のための参考資料「生きる力」を育む防災教育の展開
　　　https://anzenkyouiku.mext.go.jp/mextshiryou/data/saigai03.pdf

第16章

3．自死（自殺）

- 自殺は多様で複雑な問題が絡み合って起きている。
- 教員には「リスクの早期発見」「的確な対応」「要因分析」が求められている。
- 予防教育で自他の「心の危機に気付く力」「相談する力」を身につける。

（1）子どもの自殺の現状

　警察庁・厚生労働省の自殺統計[1]によると，令和４年の児童生徒の自殺者数は514人と過去最多となり，きわめて深刻な状況にある。10〜24歳の女児・女性に関して顕著に自殺数が増加しているというデータも見られる。小学生は「家庭問題」の割合が高く，「家庭からの叱責・しつけ」が全体の２割を超えている。中高生は「学校問題」の割合が高い傾向があり，学業不振や進路の悩みが上位に来ていた。

　子どもの自殺は，一般的に考えられているよりもはるかに深刻であり，中学・高校教師の５人に１人は生徒の自殺に，３人に１人は自殺未遂に遭遇したことがあるという調査結果も見られる。18歳以下の自殺は，学校の長期休業明け前後に増加する傾向があり，毎年その頃にメディアの自殺予防特集も組まれるようになった。子どものかけがえのない命を救うために，学校・保護者・地域が連携し，小さなサインを見逃さないようにかかわることが求められている。

（2）自殺に追いつめられる子どもの心理と危険因子

　自死（自殺）はある日突然，何の前触れもなく起こるというよりも，長い時間かかって徐々に危険な心理状態に陥っていくのが一般的である。ひどい孤立感や無価値感，強い怒りを抱え，それらが永遠に続き，自殺しか解決方法がないという心理的視野狭窄に陥っている場合が多い。また，自殺未遂歴や心の病，機能不全家族[※1]，喪失体験，衝動性や完全主義の性格傾向，事故傾性などを抱える場合も自殺の危険が迫っていることが少なくない。行動・身なり・性格の急な変化，家出，自殺のほのめかし，アルコールや薬物の乱用，自傷行為なども自殺直前のサインとして十分に気をつける必要がある。すぐに死に至るものではなくとも，心の一部は確実に死に向かっている状態であるということを忘れてはならない。長期休業前後の一層の見守りや相談体制の充実が急がれる。

（3）対応の留意点

　子どもからのSOSは，「あの人なら助けてくれる」という最後の望みである。子どもの特性やコミュニケーションツールは多様であり，「声をあげる」「生きる」ために多様な選択肢が存在することを伝えたい。近年，電話やSNS等による相談，ICTを活用した見守り体制の整備も進められている。

　自殺未遂の場合は身体的損傷への対応，受容的態度での聴き取り，校内外連携チームでの対応という流れが一般的である。自殺の場合は遺族の気持ちを最優先し情報発信や葬儀等への対応を心がける。自責と自罰感情を抱える教員はまず自身の心身の異変に気づき，日常生活にセルフケアを取り入れることである。それが遺されたものへの支援となり，自殺の連鎖を食い止める。世代を超えた支援になることもあり，「支援の橋渡し」として次のステージにつなげる。

---

① 教員ひとりで抱え込まず，チームで対応する。
② 「秘密にしてほしい」という子どものつらい気持ちを尊重しながら，保護者への伝え方を含め，他の教員に是非とも相談する。
③ 自傷行為にはあわてず慣れず，真剣に対応し，校内外の関係機関につなげることが大切である。
④ 外部専門機関との連携後も，子どもとの関係は変わらず継続する。

用語等の解説

※1　機能不全家族とは，子育てや団らん，地域とのかかわりという一般的に家庭に存在すべき機能が健全に機能していない家族のことであり，虐待やアルコール依存症を抱える保護者との関係が指摘されている。

引用文献

〈1〉こども家庭庁　2023　第5回こどもの自殺対策に関する関係省庁連絡会議　令和5年9月5日
https://www.cfa.go.jp/assets/contents/node/basic_page/field_ref_resources/03006ae5-dd30-493c-ac45-e258f94b25a1/d248a2ef/20230904_councils_kodomonojisatsutaisaku-kaigi_03006ae5_08.pdf

参考文献

・文部科学省　2010　子供の自殺が起きたときの緊急対応の手引き
https://www.mext.go.jp/a_menu/shotou/seitoshidou/__icsFiles/afieldfile/2018/08/13/1408018_001.pdf

4．心のケア

重要ポイントの整理

- 心のケアとは，緊急事案による心的外傷後ストレス障害（PTSD）やうつ病などのリスクを軽減し，日常生活に戻っていけるように支援することである。
- 悲嘆反応（不眠，食欲不振，退行など）は極めて自然な反応であり，誰にでも起こりえることであるが，医療機関の紹介が必要な場合もある。
- 大人にとっても，気持ちに寄り添いながら，その人に合ったペースと方法で回復への道のりを共に歩んでいってくれる他者の存在は極めて重要である。

（1）心のケアとは

　心のケアとは，緊急事案による心的外傷後ストレス障害（PTSD）[※1]やうつ病などのリスクを軽減し，本来の日常生活に戻ることができるように支援することである。1995年に発生した阪神・淡路大震災を契機に，わが国でも心のケアが整備されるようになった。日本赤十字社の「こころのケア」活動によると，こころのケアとは心理社会的支援にあたり，「支持」「傾聴」「共感」「具体的な支援」[(1)]の4つの要素からなる"こころの救急法"がその基本となっている。

　緊急事案に巻き込まれたり，大切な人を亡くした子どもの中には，食行動の変化や不眠を訴えたり，些細なことでイライラするなど様々な変化が見られる。そのような悲嘆反応は危機状態の極めて自然な反応であり，誰にでも起こりえる。成長過程の子どもは可塑性が高く，ほとんどは周囲の大人が安全と安心を保障する日常生活の中で時間の経過と共に回復していくが，直後よりもしばらくしてから症状を訴える場合もある。子どもの気持ちに寄り添いながら，その子に合ったペースと方法で回復への道のりを共に歩んでいくことである。

（2）主たる支援者である教職員のセルフケア

　公私において緊急事態に巻き込まれるのは教職員も例外ではない。被害者を支援することで間接的に同じような被害体験を経験することも考えられる。日常の仕事に加え，緊急事案への対応やケアが重なり，知らぬ間に心身の疲労が極限に達することも珍しくない。定時退勤日を作ったり，信頼のできる人に相談したり，日常生活の範囲で可能な気分転換ができるようにするなどインフォーマルな取り組みも必要である。「心身の不調」「嗜癖（アルコール，たばこ，ギャンブルな

ど）に対する依存」「意欲の減退」（無力感，自責感，絶望感）「情緒不安」など
の症状が続くようであれば，専門医の受診が勧められる。

　教員志望の学生は日常生活や教育実習で，困難に直面したとき他者へ援助を求
めるかどうかという被援助志向性について考えてみることである。教員が困った
ときに率先して支援とつながる姿勢を生徒や保護者に見せることは予防教育とな
りえる。「自己表現スキルが高いと認知している教職志望者ほど被援助志向性が
高い」との指摘もある。(2)「助けて」「どうしたの？」と言い合える教室や職員室が
居場所となり，職場の協働的風土を作り上げていく。スーパービジョン（教育）
やコンサルテーション（助言），コーディネーション（連携・調整），研修会，オ
ンライン会議システムなどの活用が教員の専門性を支え，「学校」という１つの
事例のセルフケアにつながっていく。

（3）回復のために大切なこと

　回復への過程や方法，期間は人それぞれ異なる。学校が把握していない緊急事
案による被害児童生徒や教職員の存在も想定できる。精神疾患は再発の恐れもあ
る。回復への一時期を共に過ごすものとして以下を心に留めておきたい。

> ① 無理をしていませんか？　⇒　そのままのあなたを大切に。
> ② ホッとすること　⇒　人，もの，空間，時間，香り，音楽，運動など。
> ③ 表現してみること　⇒　癒しや気づきにつながっていきます。
> ④ 心の専門家　⇒　専門的な知識やスキル，当事者の会などが役に立つこ
> 　　　　　　　　　　ともあります。
> ⑤ 他の人の回復のスピードと比べないこと　⇒　あなたはあなた。比べる
> 　　　　　　　　　　　　　　　　　　　　　　必要はありません。

用語等の解説

※1　命の危険を感じたり，抵抗できない圧倒的な強い力に支配されたりといった，強い恐怖
感を伴う経験をした人に起きやすい症状である。怖かった経験の記憶がこころの傷（トラウ
マ）として残り，様々な症状を引き起こす。なお，3か月以内に発症し，1か月以上継続す
る場合はPTSD，1か月以内に収まる場合は急性ストレス障害（ASD）と診断される。

引用文献
〈1〉　日本赤十字社　HPこころのケア活動　http://www.jrc.or.jp/activity/saigai/about/care/
〈2〉　田村修一・水野治久・石隈利紀　2012　教職志望者の非援助志向性を規定する要因—教育
実習場面に焦点をあてて　カウンセリング研究，45（1）

5．小学校までの具体的な理解や対応

重要ポイントの整理

- ショックや自責の念からくる退行（赤ちゃん返り），落ち込みや攻撃性，日常生活（食事，睡眠，登校，遊び）への支障が考えられる。
- 「あなたのせいではない。私たちが守るから大丈夫」と，心理的安定が感じられるような声かけやスキンシップを大切にする。
- 元々，日常的に行われていた学習や遊びの機会を確保し，その中で達成感や自尊感情を得られるように配慮する。

（1）線路に飛び込もうとした女子児童Aの事例の概要

　駅のホームで登校時間を過ぎてもランドセルを背負い駅のホームのベンチに座ったままのAを清掃員が不審に思い，駅員に連絡した。駅員がホームに上がると，Aが怖い顔でホームの端に向かっていた。駅員はAに声をかけ保護した。制服や持ち物から近くの小学校の5年生ということがわかり，学校に連絡した。

（2）緊急支援の概要
①発生当日

　駅員室でAは黙ったまま下を向いていたが，母親や校長がかけつけると大声で泣き出した。駅長からは，毎年社会見学に来てくれる学校の子が大事に至らず何よりだったこと，話をしっかり聞いてあげてほしいこと，公共交通機関の使命についても考えてほしいことなど注意があった。念のため，学校医のクリニックに行き，その後帰宅。夕方，母親と担任で話をしたところ，両親の不仲を苦にしてのことだったことが判明。担任は「Aさんにまた会えて本当によかった。何でも相談してほしい」と声をかけた。Aを寝かしつけた後，母親は「Aには内緒にしているが，離婚は避けられない差し迫った事情がある。一人っ子のAが自分たちの宝物であることを丁寧に説明し，離婚の影響がこれ以上大きくならないようにしたい」とのことだった。緊急職員会議が開かれ，担任からの報告と今後の対応が協議された。管理職が教育委員会に報告し，今回はCRT[※1]ではなく，緊急支援の経験があるスクールカウンセラー（以下SC）がしばらく定期的に勤務してくれることとなった。

②発生翌日

「子ども・若者育成支援月間」でもあり，全校朝礼で校長が「元気で大人になれるよう，困ったらいつでも相談に来てほしい」と呼びかけた。全学級で気になる児童について報告してもらったら，至急のフォローが必要な児童が一定数いた。今週中に健康調査，個別面談，保護者向け教育相談，おたより配布などが実施されることとなった。管理職，生活指導，担任，養護教諭，SCらと確認作業がなされた。その途中，Aの担任が「教員1年目で授業で精いっぱい。しっかり見てなかった」と泣き出した。ベテラン教員が「教員不足のまま新学年が始まり，みんなさらに余裕がない。でも，職員室では何言ってもいいよ」と担任の肩をたたいた。中堅教員は「初任の頃思い出す。落ち込みが少し続いた」とつぶやいた。SCは「先生も間接的に同じような体験をした状態になる」と，支援者が抱える緊急時のストレスと対応に関するリーフレットを配布した。

③その後の対応

翌週には，児童に配慮しながら健康調査「こころと体のチェックシート」が実施され，心配な児童には担任と養護教諭による面談が行われた。Aの担任や関係した教職員にも極度の疲労や体調不良が認められたため，学校医を通じ専門医療機関が紹介された。児童や教職員の症状が長引く場合には，経過観察，保護者との連携，定期的な医療機関受診を勧めた。金曜の放課後に行われる今週の振り返りでは，PTSD[2]，記念日反応[3]，喪の作業[4]など教職員にも起こりうる心理的反応に関する啓発も継続されている。Aの再来年の卒業や中学校への引継ぎ，心理教育など中長期的支援が検討され始めている。駅では駅員による見守り活動で挨拶や手描きの季節のポスターが掲示されるようになった。

用語等の解説

※1　「CRT：Crisis Response Team（緊急支援チーム）」とは，心の救急処置や二次被害の拡大防止，学校コミュニティの早期回復を目的とした，医師，臨床心理士，精神保健福祉士，保健師など多職種の心のケアの専門家から編成されるチームのことである。個々の事案に応じて，数日間，当該校へ派遣される。

※2　本章4節参照。

※3　記念日反応とは，喪失や衝撃的なできごとを経験した日時やその前後に起こる悲嘆反応のことである。

※4　喪の作業とはモーニング（またはグリーフ）ワークともいい，喪失体験後の心の営みのことをさす。

6．中学校以降の具体的な理解や対応

- 思春期は行動範囲が広がるため，学区内のパトロールの強化に加え，近隣の学校や警察等との情報交換を行う。
- 生活リズムの乱れの固定化，不登校や引きこもりの長期化，精神疾患の発症などメンタルヘルスが憂慮されるため，SCや医療機関との連携は必須である。
- 進路や卒業後の心のケアも念頭に置いた中長期的支援を行うため，スクールカウンセリングの整備された進学先，無料の被害者支援制度や公的相談機関などに関する知識も必要である。

（1）性被害に遭った男子生徒Bの事例の概要

　中学2年生の男子生徒Bが部活からの帰り道，道を聞いてきた中年男性にナイフで脅され制服を脱ぐように強要された。地域住民が目撃し大声を上げたため犯人は逃走した。住民は警察に通報したが，犯人はまだ逮捕されていない。

（2）緊急支援の概要
①事件当日

　Bの帰宅が遅いことを心配した母親が学校に電話した後すぐに警察から連絡があり，母親と教頭，担任（男性）が警察に駆けつけた。母親同席で女性警察官が聴き取りを始めようとしたが，Bは「話すなら男の人がいい」と言った。しばらくして若手の男性警察官が来て「今後の対応や支援は，Bの安全と希望を最優先」し，担任同席のもと別室での聴き取りとなった。犯人が逃走中であり，Bを含む子どもたちの安全のため，「Bとわからないように，本件について学校連絡網で注意を促す」（守秘義務の徹底），「今後の聴き取りは，警察署の別棟で担任が立ち会いのもと，男性警察官が行う」（被害者支援）※1こととなった。

　Bの希望を尊重し，心のケアは養護教諭やSCから基本的知識を得た男性の副担任が行うことにした。学校に戻った教頭と担任は校長に状況を報告し，校長から教育委員会への報告，警察のパトロールや地域の見守り隊の強化依頼がなされた。緊急職員会議と臨時全校集会で，事件の概要や犯人が逃走中であること，人通りの少ない道を1人で歩かないこと，怖い目に遭いそうな時は大声をあげること，子ども110番の家や危険な場所を確認することなどが確認された。

②翌日以降

　厳戒態勢の中，登下校が行われていた。Bは「休むと自分が被害者だとばれる」ため部活も休まず参加している。最近，めまいや頭痛のため校医に診てもらっているが，来週，専門医を受診予定である。単身赴任中の父親はBの気持ちを一番に考え，今までどおりLINEでたわいもないやり取りをしている。母親はBの今後を心配して眠れていない。養護教諭は「まわりの人も間接的に同じ被害を受けたような状態になってしまうため，お母さん自身の心のケアも一緒に考えましょう」と伝えた。警察の防犯教室が，Bと保護者に了解を得て前倒して行われ，子ども110番の家，監視カメラ，防犯ブザー，かけこみポイント，危険マップなどが紹介された。

③翌週以降

　1か月後，犯人が逮捕された。周辺の商業施設のトイレでも同様の犯行を繰り返していた。Bはホッとする反面，体調は悪化している。部活が同じ親友が心配してくれているが，誰かと会うと「あのことを知っているかも」と思って目をそらしてしまう。防犯教室では「声をあげられなかった自分が悪いのか？　男なのに」と落ち込む。担任は，今の防犯教室のあり方がBをさらに追いつめていると感じた。Bの了解を得て支援担当の教職員でBの気持ちを共有すると，「声をあげるのは大人でも難しい」「自尊感情，病気や障害，虐待，ジェンダー等の課題を抱える生徒もいるかもしれない」等の意見が出た。防犯教室や予防教育，心のケアのあり方について全教職員で再検討している。

　翌春，Bの父親が転勤で自宅に戻り，塾の日は迎えに行っている。Bと母親の調子も少し落ち着いている。先日，Bの学校で様々な世代の卒業生らによる講演会が開かれた。「不登校から大学へ」「男と女と？」「終活とは生きること」等，普段の講話とはまったく違う内容だった。Bは今年も担任になった先生に「大人数だし休もうと思ったけど，聞いてよかった」と話した。夏休みは，元々志望校だった高校のオープンスクールに親友と行く約束をしている。

用語等の解説

※1　捜査の過程において精神的苦痛を少しでも緩和するように，被害者が望む性別の警察官が対応することが可能になっている。また，各都道府県ではNPO全国被害者支援ネットワークが活動を行っている。

参考文献
・警察庁　犯罪被害者支援ホームページ　https://www.npa.go.jp/higaisya/home.htm

引用・参考文献／図表出典一覧

American Psychiatric Association　2023　日本精神神経学会監修　DSM-5-TR™精神疾患の診断と統計マニュアル　医学書院

浅井春夫・安達倭雅子・北山ひと美・中野久恵・星野恵編著　2014　あっ！そうなんだ！　性と生─幼児・小学生そしておとなへ　エイデル研究所

馬場禮子　2008　精神分析的人格理論の基礎　岩崎学術出版社

ビオン，W・R.　2016　集団の経験─ビオンの精神分析的集団論　ハフシ，M.監訳　黒崎優美・小畑千晴・田村早紀訳　金剛出版

ボウルビィ，J.　1991　母子関係の理論Ⅰ　新版 愛着行動　黒田実郎・大羽蓁・岡田洋子・黒田聖一訳　岩崎学術出版社

中央教育審議会　2015　チームとしての学校の在り方と今後の改善方策について（答申）
https://www.mext.go.jp/b_menu/shingi/chukyo/chukyo0/toushin/__icsFiles/afieldfile/2016/02/05/1365657_00.pdf

エリクソン，E. H.・エリクソン，J. M.　2001　ライフサイクル，その完結〈増補版〉　村瀬孝雄・近藤邦夫訳　みすず書房

藤岡秀樹　2018　キャリア・カウンセリングとキャリア発達理論─現状と課題　京都教育大学紀要，132, 47-61.

藤田晃之　2000　教育課程と進路指導　仙崎武・野々村新・渡辺三枝子・菊池武剋編　入門進路指導・相談　福村出版

学校保健安全法　2023
https://elaws.e-gov.go.jp/document?lawid=333AC0000000056

花田里欧子　2003　紹介状の書き方　若島孔文編　学校臨床ヒント集─スクール・プロブレム・バスター・マニュアル　金剛出版

橋本紀子・田代美江子・関口久志編　2017　ハタチまでに知っておきたい性のこと　第2版　大月書店

樋口進　2020　ゲーム障害について（厚労省ゲーム依存症対策関係者会議資料）

樋口進　2022　やめられない怖い依存症！　ゲーム障害はひきこもりの原因にも　治療法について（NHK特集）

平石賢二編著　2011　改訂版　思春期・青年期のこころ─かかわりの中での発達　北樹出版

ホームズ，J.　1996　ボウルビィとアタッチメント理論　黒田実郎・黒田聖一訳　岩崎学術出版社

いじめ防止対策推進法　2013

乾吉佑　1980　青年期治療における"new object"論と転移の分析　小此木啓吾編　青年の精神病理2　弘文堂

香川克　2012　不登校の状態像の変遷について─一方向喪失型の不登校という新しい型　心理社会的支援研究，2, 3-15　京都文教大学

鎌倉利光・藤本昌樹編著　2017　子どもの成長を支える発達教育相談第4版　北樹出版

神庭重信ほか　2021-2022　連載ICD-11「精神，行動，神経発達の疾患」分類と病名の解説シリーズ　日本精神神経学雑誌，123(1)-124(12)

カナー，L.　1974　黒丸正四郎・牧田清志翻訳　カナー児童精神医学第2版　医学書院

警察庁　犯罪被害者支援ホームページ　https://www.npa.go.jp/higaisya/home.htm

警視庁　2023　なくそう，子供の性被害。

警視庁　2023　令和4年版 警察白書

警視庁　2023　令和4年における少年非行及び子供の性被害の状況

経済企画庁　1983　国民生活白書　大蔵省印刷局

こども家庭庁　2020　こども政策の新たな推進体制に関する基本方針―こどもまんなか社会を目指すこども家庭庁の創設（令和3年12月21日閣議決定）

こども家庭庁　2023　令和4年度児童虐待相談対応件数

こども家庭庁　2023　第5回こどもの自殺対策に関する関係省庁連絡会議　令和5年9月5日
　　https://www.cfa.go.jp/assets/contents/node/basic_page/field_ref_resources/03006ae5-dd30-493c-ac45-e258f94b25a1/d248a2ef/20230904_councils_kodomonojisatsutaisaku-kaigi_03006ae5_08.pdf

小泉英二編著　1973　登校拒否―その心理と治療　学事出版

国立教育政策研究所生徒指導・進路指導研究センター　2017　高校生の頃にしてほしかったキャリア教育って何？―卒業後に振り返って思うキャリア教育の意義　（キャリア教育リーフレットシリーズ1）

国立教育政策研究所　2018　不登校の数を「継続数」と「新規数」とで考える　Leaf.22
　　http://www.nier.go.jp/shido/leaf/leaf22.pdf

国立教育政策研究所　2020　「中1ギャップ」の真実　Leaf.15S
　　https://www.nier.go.jp/shido/leaf/leaf15S.pdf

国立教育政策研究所生徒指導・進路指導研究センター　2018　生徒が直面する将来のリスクに対して学校にできることって何だろう？　（キャリア教育リーフレットシリーズ2）

児美川孝一郎　2007　権利としてのキャリア教育　明石書店

厚生労働省　2007　子ども虐待対応の手引き

厚生労働省　2002　『国際生活機能分類－国際障害分類改訂版－』（日本語版）の厚生労働省ホームページ掲載について　http://www.mhlw.go.jp/houdou/2002/08/h0805-1.html

前田重治　1985　図説　臨床精神分析学　誠信書房

前田重治　2014　新図説　精神分析的面接入門　誠信書房

末崎裕康　2008　第6章　家庭訪問をする　吉田克彦・若島孔文編著　小学校スクールカウンセリング入門　金子書房

松木邦裕　2015　耳の傾け方―こころの臨床家を目指す人たちへ　岩崎学術出版社

ミッジリー，N.・エンシンク，K.・リンクビスト，K.・マルバーグ，N.・ミューラー，N.　2021　メンタライジングによる子どもと親への支援―時間制限式MBT-Cのガイド　上地雄一郎・西村馨監訳　石谷真一・菊池裕義・渡部京太訳　北大路書房

文部科学省　1999　学習障害児に対する指導について（報告）

文部科学省　2003　今後の特別支援教育の在り方について（最終報告）

文部科学省　2008　学習指導要領

文部科学省　2010　子供の自殺が起きたときの緊急対応の手引き
　　https://www.mext.go.jp/a_menu/shotou/seitoshidou/__icsFiles/afieldfile/2018/08/13/1408018_001.pdf

文部科学省　2011　小学校キャリア教育の手引き（改訂版）　教育出版

文部科学省　2011　中学校キャリア教育の手引き　教育出版

文部科学省　2011　中央教育審議会答申　今後の学校におけるキャリア教育・職業教育の在り方について　ぎょうせい

文部科学省　2012　共生社会の形成に向けたインクルーシブ教育システム構築のための特別支援教育の推進（報告）

文部科学省　2012　参考資料4：日本の義務教育段階の多様な学びの場の連続性
　　https://www.mext.go.jp/component/b_menu/shingi/toushin/__icsFiles/afieldfile/2012/07/

23/1321672_1.pdf

文部科学省　2013　いじめの問題に対する施策
http://www.mext.go.jp/a_menu/shotou/seitoshidou/1302904.htm

文部科学省　2013　学校防災のための参考資料「生きる力」を育む防災教育の展開
https://anzenkyouiku.mext.go.jp/mextshiryou/data/saigai03.pdf

文部科学省　2013　体罰の禁止及び児童生徒理解に基づく指導の徹底について（通知）
http://www.mext.go.jp/a_menu/shotou/seitoshidou/1331907.htm

文部科学省　2015　チームとしての学校の在り方と今後の改善方策について（答申）　中央教育審議会

文部科学省　2016　文部科学省×学校安全　https://anzenkyouiku.mext.go.jp/

文部科学省　2017　小学校学習指導要領解説　総則編
https://www.mext.go.jp/content/220221-mxt_kyoiku02-100002180_001.pdf

文部科学省　2017　中学校学習指導要領解説　総則編

文部科学省　2018　高等学校学習指導要領解説　総則編

文部科学省　2019　地域学校協働活動パンフレット

文部科学省　2020　学習指導要領

文部科学省　2020　スクリーニング活用ガイド　～表面化しにくい児童虐待，いじめ，経済的問題の早期発見のために～

文部科学省　2021　「令和の日本型学校教育」の構築を目指して―全ての子供たちの可能性を引き出す，個別最適な学びと，協働的な学びの実現（答申）　中央教育審議会

文部科学省　2022　いじめの状況及び文部科学省の取組について

文部科学省　2022　「ネット上のいじめ」に関する対応マニュアル・事例集（学校・教員向け）

文部科学省　2022　公立の小学校等の校長及び教員としての資質の向上に関する指標の策定に関する指針

文部科学省　2022　「青少年を取り巻く有害環境対策の推進」委託事業事例集

文部科学省　2022　生徒指導提要（改訂版）
https://www.mext.go.jp/content/20230220-mxt_jidou01-000024699-201-1.pdf

文部科学省　2023　いじめ問題への的確な対応に向けた警察との連携等の徹底について（通知）

文部科学省　2023　教師を取り巻く環境整備について緊急的に取り組むべき施策（答申）　中央教育審議会

内閣府　2021　男女間における暴力に関する調査報告書

内閣府　2023　令和4年度 青少年のインターネット利用環境実態調査結果

中橋雄　2014　メディア・リテラシー論　北樹出版

中沢たえ子　1992　子どもの心の臨床―心の問題の発生予防のために　岩崎学術出版社

日本キャリア教育学会編　2006　キャリア・カウンセリングハンドブック―生涯にわたるキャリア発達支援　中部日本教育文化会

日本赤十字社　HPこころのケア活動　http://www.jrc.or.jp/activity/saigai/about/care/

二宮克美・大野木裕明・宮沢秀次編　2012　ガイドライン生涯発達心理学　第2版　ナカニシヤ出版

認定NPO法人ReBit　2022　LGBTQ子ども・若者調査2022

オブホルツァー，A.・ロバーツ，V. Z.編　2014　組織のストレスとコンサルテーション　武井麻子監訳　榊恵子訳　金剛出版

ロジャーズ，C. R.　1957/2001　十分に機能する人間―よき生き方についての私見　ロジャーズ選集（下）　伊東博・村山正治監訳　誠信書房

ラスティン，M・ブラッドリー，J編　2015　ワーク・ディスカッション—心理療法の届かぬ過酷な現場で生き残る方法とその実践　鈴木誠・鵜飼奈津子監訳　岩崎学術出版社

齋藤暢一郎・若島孔文　2012　訪問援助における三者関係モデルの構築—不登校・ひきこもりへの家族援助としての機能　家族心理学研究, 26 (1)

政府広報オンライン　2019　SNS利用による性被害等から子供を守るには

関口久志　2021　改訂　性の"幸せ"ガイド—若者たちのリアルストーリー　エイデル研究所

瀬田川聡　2015　ためらわない警察連携が生徒を守る—被害生徒を生まない毅然とした生徒指導　学事出版

障害者福祉研究会（編集）　2002　国際生活機能分類（ICF）—国際障害分類改定版　中央法規出版

総務省統計局　e-Stat 政府統計の総合窓口：児童生徒の問題行動等生徒指導上の諸問題に関する調査「いじめ」

総務省　2014　高校生のスマートフォン・アプリ利用とネット依存傾向に関する調査報告書

総務省　2022　インターネットトラブル事例集（2022年版）

総務省　2023　インターネットトラブル事例集（2023年版）

スポーツ庁・文化庁　2022　学校部活動及び新たな地域クラブ活動の在り方等に関する総合的なガイドライン

ザルツバーガー-ウィッテンバーグ，I.・ウィリアムズ，G.・オズボーン，E.　2008　学校現場に生かす精神分析—学ぶことと教えることの情緒的体験　平井正三・鈴木誠・鵜飼奈津子監訳　岩崎学術出版社

Super, D. E.　1980　A life-span, life-space, approach to career development. *Journal of Vocational Behavior*, 16, 282-298.

高橋一公・中川佳子編著　2019　発達心理学15講　北大路書房

高宮静男　2021　学校で知っておきたい精神医学ハンドブック　星和書店

田村修一・水野治久・石隈利紀　2012　教職志望者の非援助志向性を規定する要因—教育実習場面に焦点をあてて　カウンセリング研究, 45 (1)

ユネスコ編　2020　改訂版国際セクシュアリティ教育ガイダンス—科学的根拠に基づいたアプローチ　浅井春夫・艮香織・田代美江子・福田和子・渡辺大輔訳　明石書店

若島孔文・生田倫子・吉田克彦編著　2006　教師のためのブリーフセラピー　アルテ

渡辺三枝子編　2018　新版　キャリアの心理学【第2版】—キャリア支援への発達的アプローチ　ナカニシヤ出版

渡辺弥生　2011　子どもの『10歳の壁』とは何か？—乗りこえるための発達心理学　光文社新書

山中康裕　1978　思春期内閉—治療実践よりみた内閉神経症（いわゆる学校恐怖症）の精神病理　中井久夫・山中康裕編　思春期の精神病理と治療　岩崎学術出版社

山崎勝之・戸田有一・渡辺弥生　2013　世界の学校予防教育—心身の健康と適応を守る各国の取り組み　金子書房

吉田順　2000　生徒指導24の鉄則—指導に自信を深める「考え方」の原理・原則　学事出版

吉田順　2013　荒れには必ずルールがある—間違った生徒指導が荒れる学校をつくる　学事出版

ヨーエル，B.　2009　学校現場に生かす精神分析【実践編】—学ぶことの関係性　平井正三監訳・鈴木誠訳　岩崎学術出版社

湯浅誠　2008　反貧困—「すべり台社会」からの脱出　岩波新書

索引

執筆者一覧

（執筆順）

第1章　本間友巳——神戸親和女子大学教授・京都教育大学名誉教授

第2章　内田利広——龍谷大学教授・京都教育大学名誉教授

第3章　山本彰子——臨床心理士

第4章　岩本脩平——ファミリーカウンセリングルーム松ヶ崎ふくらむ 代表カウンセラー

第5章　奥野洋子——近畿大学准教授

第6章　西村佐彩子——京都教育大学准教授

第7章　藤岡秀樹——京都橘大学教授・京都教育大学名誉教授

第8章　香川　克——京都文教大学教授

第9章　中川美保子——同志社女子大学特任教授

第10章　浅井和行——京都教育大学副学長

第11章　藤中隆久——熊本大学教授

第12章　野田正人——立命館大学特任教授

第13章　関口久志——"人間と性"教育研究協議会幹事

第14章　佐藤克敏——京都教育大学教授

第15章　森　孝宏——京都教育大学教授

第16章　藤田恵津子——公立鳥取環境大学准教授

編者紹介

本間　友巳 (ほんま・ともみ)　神戸親和女子大学教授・京都教育大学名誉教授

1953年　愛知県生まれ。

博士 (教育心理学)。臨床心理士・公認心理師。

1981年東京学芸大学大学院教育学研究科修士課程修了。中学校・高等学校教員, 教育センター研修指導主事, 小中高校でのスクールカウンセラーなどを経て, 2020年3月まで京都教育大学教授。

専門は教育臨床心理学。生徒指導や教育相談に関連するテーマとして, 不登校, いじめ, 非行, スクールカウンセリングなど, 子どもや学校をめぐる課題に対して, 教育臨床心理学的な立場からの研究や実践を行っている。

【主要著書等】

『臨床心理学スタンダードテキスト』(分担　2023年　金剛出版)

『教育・学校心理学　第2版』(分担　2022年　遠見書房)

『学校臨床』(編著　2012年　金子書房)

『いじめ臨床』(編著　2008年　ナカニシヤ出版)

『不登校・ひきこもりと居場所』(共編著　2006年　ミネルヴァ書房)

『学校カウンセリングの理論と実践』(共著　2001年　ミネルヴァ書房)

内田　利広 (うちだ・としひろ)　龍谷大学心理学部教授・京都教育大学名誉教授

1964年　鹿児島県生まれ。

博士 (心理学)。臨床心理士・公認心理師。

1993年九州大学大学院教育学研究科博士後期課程満期退学。九州大学教育学部助手 (心理教育相談室主任), 京都教育大学講師, 助教授 (准教授), 教授, 付属総合教育臨床センター長, その間, 京都市内中学校でのスクールカウンセラー, 八幡市教育支援センタースーパーバイザーなどを歴任, 2021年4月から龍谷大学。

専門は教育臨床心理学, 家族心理学, 人間性心理学。児童思春期の子どもとその家族への支援をテーマとして, 不登校やいじめ, スクールカウンセリングなどの学校臨床, 家族心理学から見た親子の関係や親の期待に関するテーマ, さらにフォーカシング指向心理療法としての面接法などの研究や実践を行っている。

【主要著書等】

『スクールカウンセラーという仕事』(共著　2022年　青弓社)

『フォーカシング指向心理療法の基礎』(2022年　創元社)

『教育相談の理論と実践』(編著　2020年　ふくろう出版)

『臨床心理学への招待 [第2版]』(分担　2020年　ミネルヴァ書房)

『母と娘の心理臨床』(2018年　金子書房)

『期待とあきらめの心理』(2014年　創元社)

『スクールカウンセラーの第一歩』(共著　2011年　創元社)

改訂版　はじめて学ぶ生徒指導・教育相談

2024年3月31日　改訂版第1刷発行　　　　　　　　　　　　〔検印省略〕

編著者　本間　友巳
　　　　内田　利広
発行者　金子　紀子
発行所　株式会社 金子書房
〒112-0012　東京都文京区大塚3-3-7
TEL 03 (3941) 0111／FAX 03 (3941) 0163
ホームページ　https://www.kanekoshobo.co.jp
振替　00180-9-103376
印刷　藤原印刷株式会社　　　　製本　有限会社井上製本所